2024年度版

コンプライアンス・オフィサー・生命保険コース

試験問題集

一般社団法人 金融財政事情研究会

◇はじめに◇

本書は、一般社団法人金融財政事情研究会主催の金融業務能力検定「コンプライアンス・オフィサー・生命保険コース」の受験生の学習の利便を図るためにまとめた試験対策問題集です。

本書の構成は５章から成っています。各テーマ別に、過去に出題された数多くの問題とその解説を掲載しており、知識の整理や傾向の把握に役立つよう工夫しています。公正で透明な保険会社経営は当然のことながら、個々の保険業務についても、法令遵守の観点から再点検が要請されています。生命保険会社においては、自己責任原則に基づくリスク管理体制の構築とあわせて、本社管理部門はもとより、営業所・支社等におけるコンプライアンスの徹底が求められています。

営業所・支社等の現場では、日々の業務の遂行にあたり、コンプライアンスが問われるさまざまな問題に直面します。本書は、法律の条文の細部や、法律解釈を問うような出題は極力避け、営業所・支社等の現場で起こりうる事例を中心に、判断力を身につけることに重点を置きながらも試験に向けて効率的な学習ができるようまとめています。

なお、「もっと詳しく学びたい」という方につきましては、基本教材である通信教育「事例で学ぶ生命保険コンプライアンス実践講座」で学習することをお勧めします。

本書を有効に活用して、「コンプライアンス・オフィサー・生命保険コース」試験に合格され、日常の業務に活かされることを願ってやみません。

2024年３月

一般社団法人　金融財政事情研究会
検定センター

◇◇目　次◇◇

第１章　生命保険業務共通

第２章　募集・契約締結

〈注意事項〉

本試験問題集における保険契約については、保険法施行以降に締結された保険契約であり、保険法が適用されるものとします。また、特に指示のない限り、本試験問題集の営業職員は、保険募集人の資格を有している者とします。

〈法令基準日〉

本書は、問題文に特に指示のない限り、2024年4月1日（基準日）現在施行の法令等に基づいて編集しています。

◇CBTとは◇

CBT（Computer-Based Testing）とは、コンピュータを使用して実施する試験の総称で、パソコンに表示された試験問題にマウスやキーボードを使って解答します。金融業務能力検定は、一般社団法人金融財政事情研究会が、株式会社シー・ビー・ティ・ソリューションズの試験システムを利用して実施する試験です。CBTは、受験日時・テストセンター（受験会場）を受験者自らが指定できるとともに、試験終了後、その場で試験結果（合否）を知ることができるなどの特長があります。

本書に訂正等がある場合には、下記ウェブサイトに掲載いたします。
https://www.kinzai.jp/seigo/

〈凡　例〉

・改正金融サービス提供法…金融サービスの提供及び利用環境の整備等に関する法律
・金融ADR制度…金融分野における裁判外紛争解決制度
・監督指針…保険会社向けの総合的な監督指針
・個人情報保護法…個人情報の保護に関する法律
・独占禁止法…私的独占の禁止及び公正取引の確保に関する法律
・犯罪収益移転防止法…犯罪による収益の移転防止に関する法律
・出資法…出資の受入れ、預り金及び金利等の取締りに関する法律

〈判　例〉

A…裁判所と裁判の種類を示す。
　最…最高裁判所(「最大」は最高裁判所大法廷、「最二小」は最高裁判所第二小法廷を示す)
　高…高等裁判所
　大…大審院
　判…判決
　決…決定
B…裁判(言渡)年月日を示す。
C…登載誌およびその登載箇所を示す。
　民録…大審院民事判決録
　民集…最高裁判所(大審院)民事判例集
　金法…金融法務事情

「コンプライアンス・オフィサー・生命保険コース」試験概要

支社・営業所のコンプライアンス担当者として求められる法令等の知識、実務への対応力を検証します。

■受験日・受験予約	通年実施。受験者ご自身が予約した日時・テストセンター（https://cbt-s.com/examinee/testcenter/）で受験していただきます。 受験予約は受験希望日の３日前まで可能ですが、テストセンターにより予約可能な状況は異なります。
■試験の対象者	生命保険会社の支社（支店）・営業所（支部）の管理職、コンプライアンス担当者等 ※受験資格は特にありません
■試験の範囲	１．生命保険業務共通（コンプライアンス態勢の整備等）　２．募集・契約締結（募集に関する行為規制、契約の審査等）　３．契約の保全、保険金の支払（保険契約の変更・解約等）　４．その他の業務（証券類の販売、損害保険業務、資産運用等）　５．会社・支社等の経営（コーポレート・ガバナンス、職場環境の確保等）
■試験時間	100分　試験開始前に操作方法等の案内があります。
■出題形式	四答択一式50問
■合格基準	100点満点で70点以上
■受験手数料（税込）	5,500円
■法令基準日	問題文に特に指示のない限り、2024年４月１日現在施行の法令等に基づくものとします。
■合格発表	試験終了後、その場で合否に係るスコアレポートが手交されます。合格者は、試験日の翌日以降、「コンプライアンス・オフィサー」の認定証をマイページからPDF形式で出力できます。
■持込み品	携帯電話、筆記用具、計算機、参考書および六法等を含め、自席（パソコンブース）への私物の持込みは認められていません。テストセンターに設置されている鍵付きのロッカー等に保管していただきます。メモ用紙・筆記用具はテストセンターで貸し出されます。計算問題については、試験画面上に表示される電卓を利用することができます。
■受験教材等	・本書 ・通信教育講座「事例で学ぶ生命保険コンプライアンス実践講座」（一般社団法人金融財政事情研究会） ・参考図書「保険業務のコンプライアンス［第４版］」（一般社団法人金融財政事情研究会）

■受験申込の変更・キャンセル　受験申込の変更・キャンセルは、受験日の３日前までマイページより行うことができます。受験日の２日前からは、受験申込の変更・キャンセルはいっさいできません。

■受験可能期間　受験可能期間は、受験申込日の３日後から当初受験申込日の１年後までとなります。受験可能期間中に受験（またはキャンセル）しないと、欠席となります。

※金融業務能力検定・サステナビリティ検定の最新情報は、一般社団法人金融財政事情研究会のWebサイト（https://www.kinzai.or.jp/kentei/news-kentei）でご確認ください。

第1章

生命保険業務共通

1－1　生命保険協会の行動規範Ⅰ

《問》一般社団法人生命保険協会の行動規範における基本的行動（以下、「基本的行動」という）の内容に関する次の記述のうち、最も適切なものはどれか。

1）独占禁止法等を遵守し、公正かつ自由な競争を行い、お客さまの利益の保護と市場の健全な発達の促進に努めることは、基本的行動における「リスク管理の徹底」に該当する。

2）テロ資金供与やマネー・ローンダリング防止に向け、生命保険会社が、顧客への取引時確認や疑わしい取引の届出等、適切な対応を行うことは、基本的行動における「反社会的勢力との関係遮断」に該当する。

3）お客さまはもとより取引先企業等のあらゆる関係先に対して、自らの活動が人権に与える影響を考慮して行動することは、基本的行動における「お客さまや社会との相互理解の促進」に該当する。

4）生命保険会社が、職員の人権やプライバシーを尊重するとともに、差別やハラスメントのない公平な職場環境を確保するための施策の実施に努めることは、基本的行動における「環境問題への取組みの推進」に該当する。

・解説と解答・

1）不適切である。独占禁止法等を遵守し、公正かつ自由な競争を行い、お客さまの利益の保護と市場の健全な発達の促進に努めることは、基本的行動における「公正な事業活動の遂行」に該当する（行動規範　Ⅱ．基本的行動4．②）。

2）適切である（行動規範　Ⅱ．基本的行動　5．②）。

3）不適切である。お客さまはもとより取引先企業等のあらゆる関係先に対して、自らの活動が人権に与える影響を考慮して行動することは、基本的行動における「人権の尊重」に該当する（行動規範　Ⅱ．基本的行動9．②）。

4）不適切である。生命保険会社が、職員の人権やプライバシーを尊重するとともに、差別やハラスメントのない公平な職場環境を確保するための施策の実施に努めることは、基本的行動における「働き方の改革と職場環境の充実」に該当する（行動規範　Ⅱ．基本的行動　10.　①)。
「基本的行動」は以下のとおり。

1．商品の提案・提供から支払いまでの適切なお客さま対応の推進
2．お客さまや社会との相互理解の促進
3．お客さま情報の適正な取扱いと保護の徹底
4．公正な事業活動の遂行
5．反社会的勢力との関係遮断
6．生命保険事業の特性を踏まえた資産運用
7．環境問題への取組みの推進
8．社会貢献活動の推進
9．人権の尊重
10．働き方の改革と職場環境の充実
11．リスク管理の徹底
12．再発防止の徹底と説明責任の遂行

正解　2）

1－2　生命保険協会の行動規範Ⅱ

《問》Ｘ生命保険会社（以下、「Ｘ社」という）の行動と一般社団法人生命保険協会の行動規範における基本的行動（以下、「基本的行動」という）の内容に関する次の記述のうち、最も不適切なものはどれか。

1）Ｘ社は、持続可能な社会の実現に向けて、社会的課題の解決へ貢献するため、環境・社会・ガバナンス（ESG）の要素を考慮した資産運用に努めており、これは、基本的行動における「生命保険事業の特性を踏まえた資産運用」に該当する。

2）Ｘ社は、お客さまや社会に影響を及ぼす事態が発生した際に迅速かつ適切な対応がとれるよう、マニュアル等の整備による社内体制を整備しており、これは、基本的行動における「再発防止の徹底と説明責任の遂行」に該当する。

3）Ｘ社は、職員のキャリア形成や能力開発等により、職員個々の能力向上を図るとともに、その能力が十分に発揮できる活力ある職場環境を確保しており、これは、基本的行動における「働き方の改革と職場環境の充実」に該当する。

4）Ｘ社は、広くお客さまの声を捉え、ご意見、ご要望等に対して、誠実に対応し、商品・サービスや業務等の改善につなげるよう努めており、これは、基本的行動における「商品の提案・提供から支払いまでのお客さま対応の推進」に該当する。

・解説と解答・

1）適切である（行動規範　Ⅱ．基本的行動　6．④）。

2）適切である（行動規範　Ⅱ．基本的行動　12．①）。

3）適切である（行動規範　Ⅱ．基本的行動　10．②）。

4）不適切である。生命保険会社が、お客さまをはじめとする幅広いステークホルダーとの対話を通じて得られた、ご意見、ご要望等に耳を傾け、誠実に対応し、商品・サービスや業務等の改善につなげるよう努めることは、基本的行動における「お客さまや社会との相互理解の促進」に該当する（行動規範　Ⅱ．基本的行動　2．③）。

正解　4）

1－3　保険法

《問》Ｘ生命保険会社（以下、「Ｘ社」という）が生命保険契約を解除する場合に関する次の記述のうち、保険法に照らして、最も適切なものはどれか。

1）生命保険契約に基づく保険給付の請求について、保険金受取人が詐欺を行おうとした場合であっても、Ｘ社は当該生命保険契約を解除することができない。

2）生命保険契約締結後に危険増加が生じ、保険契約者がＸ社にその旨を故意に通知しない場合、当該生命保険契約で危険増加に関する告知事項を遅滞なく通知することが定められていなくても、Ｘ社は当該生命保険契約を解除できる。

3）被保険者が故意に告知義務違反を行った場合でも、当該生命保険契約の解除までに告知義務違反に係る事実と因果関係のない保険事故が発生したときは、Ｘ社は保険給付を行う必要がある。

4）Ｘ社は、重大事由による生命保険契約の解除の原因を知ったときから１カ月以内に解除を行わない場合、解除権を喪失する。

・解説と解答・

保険業法が保険会社に対する監督について定めた法律であるのに対し、保険法は保険契約の成立から終了までの一般的なルールを定めた法律である（同法１条）。保険法では、告知義務につき「重要な事項」については保険会社が判断したうえで、保険契約者等に対して告知を求める質問応答義務方式とされている。さらに保険法は、保険金支払の履行期について、「保険給付を行う期限を定めた場合であっても、当該期限が、保険事故、保険者が免責される事由その他の保険給付を行うために確認をすることが生命保険契約上必要とされる事項の確認をするための相当の期間を経過する日後の日であるときは、当該期間を経過する日をもって保険給付を行う期限とする」と規定し（同法52条１項）、同規定に反する特約で保険金受取人に不利なものは無効とすると定めている（同法53条。片面的強行規定）。

1）不適切である。保険金受取人が詐欺を行い、または行おうとした場合には、重大事由による解除の対象となる（保険法57条２号）。

2）不適切である。生命保険契約の締結後に危険増加が生じた場合、保険料を当該危険増加に対応した額に変更するとしたならば当該生命保険契約を継続することができるときであっても、保険者は「当該危険増加に係る告知事項について、その内容に変更が生じたときは保険契約者又は被保険者が保険者に遅滞なくその旨の通知をすべき旨が当該生命保険契約で定められていること」「保険契約者又は被保険者が故意又は重大な過失により遅滞なく前号の通知をしなかったこと」のいずれにも該当する場合には、当該生命保険契約を解除することができる（保険法56条１項）。

3）適切である。告知義務違反と無関係に発生した保険事故については、保険給付を行わなければならない（保険法59条２項１号ただし書）。

4）不適切である。告知義務違反による解除の場合と異なり、重大事由による解除の場合には、「知った時から一箇月間」という制限はない（保険法55条、57条）。

正解　3）

1－4　改正金融サービス提供法・消費者契約法Ⅰ

《問》X生命保険会社（以下、「X社」という）における保険契約の募集・締結と改正金融サービス提供法・消費者契約法に関する次の記述のうち、最も不適切なものはどれか。

1）生命保険の募集を行うことは、改正金融サービス提供法上の「金融商品の販売」に該当し、同法の適用を受ける。
2）営業職員が、変額個人年金保険の募集の際に、年金原資が資産運用の実績により変動し払込保険料の総額を下回る可能性があるという説明をせずに契約を締結し、顧客に損失が生じた場合は、X社は改正金融サービス提供法上の損害賠償責任を負う。
3）保険募集のために顧客の家を訪問した営業職員が、顧客の「帰ってください」という求めを無視して執拗に勧誘を続けた結果、困惑した顧客がやむを得ず契約に応じたという場合は、募集時に顧客が「契約は不要である」旨を明言しなかったとしても、消費者契約法により契約が取り消される可能性がある。
4）消費者保護の観点から消費者契約法には消滅時効の規定が置かれていないため、顧客は契約締結から何年経過していても、X社に対して消費者契約法に基づく契約取消権を主張することができる。

・解説と解答・

1）適切である。「金融商品の販売」（改正金融サービス提供法3条）には、預金、信託、保険、有価証券等の取引が含まれる。
2）適切である。金融商品販売業者が、改正金融サービス提供法上の重要事項の説明義務（同法4条）に違反した場合、これにより顧客に生じた損害を賠償する責任を負う（同法6条）。
3）適切である。消費者が事業者に対してその住居から退去すべき旨の意思を示したにもかかわらず退去せず、消費者が困惑して消費者契約の申込みをした場合は、取り消すことができる（消費者契約法4条3項1号）。
4）不適切である。消費者契約法上の取消権は、原則として追認をすることができるときから1年間、契約締結のときから5年が経過すると時効消滅する（消費者契約法7条1項）。

正解　4）

1－5　改正金融サービス提供法・消費者契約法Ⅱ

《問》Ｘ生命保険会社（以下、「Ｘ社」という）が、保険契約の募集・締結を行う場合の改正金融サービス提供法および消費者契約法の適用に関する次の記述のうち、最も適切なものはどれか。

1）Ｘ社が個人顧客と生命保険契約を締結する場合、当該契約は消費者契約法の適用対象とされるが、保険法によって無効とされない保険約款の条項は、消費者契約法によっても無効とされることはない。

2）Ｘ社の従業員が顧客Ａに対し、保険契約の重要事項について事実と異なることを告げたためにＡが誤認して保険契約を締結した場合における消費者契約法上のＡの取消権は、追認できるときから３カ月の経過により時効消滅する。

3）Ｘ社の従業員が顧客Ｂに対し、確実に利益が出ると断言して保険商品を勧めて保険契約が締結された場合、改正金融サービス提供法上、Ｘ社はこれによってＢに生じた損害を賠償しなければならず、元本欠損額がその損害額と推定される。

4）Ｘ社が保険募集に際し、不特定かつ多数の個人に対して保険契約の重要事項について事実と異なることを告げて誤認させた場合、適格消費者団体は、消費者契約法に基づいてＸ社に当該募集行為の改善を申し入れることができるが、その停止を求めることはできない。

・解説と解答・

1）不適切である。片面的強行規定に反しない場合には保険法との関係では無効とされないが、保険契約者が消費者である場合には消費者契約法により無効とされうる。

2）不適切である。消費者契約法上の取消権は追認できるときから１年間行わない場合は、時効によって消滅する（消費者契約法７条１項）。

3）適切である。断定的判断の提供等の禁止に反した場合、元本欠損額が損害額と推定される（改正金融サービス提供法６条、７条）。

4）不適切である。適格消費者団体は、Ｘ社に対し、当該行為の停止等の差止請求権を有する（消費者契約法12条）。

正解　３）

1－6　改正金融サービス提供法・消費者契約法Ⅲ

《問》X生命保険会社（以下、「X社」という）の営業職員の、保険契約の募集・締結を行う場合の改正金融サービス提供法および消費者契約法の適用等に関する次の記述のうち、最も適切なものはどれか。

1）消費者契約法は、金融サービス利用者が締結する不当な契約全般の適正化等を目的とし、顧客に契約の取消権や契約条項の無効を主張する権利を付与している。

2）X社は、原則として改正金融サービス提供法上の勧誘方針の策定および公表が義務づけられているが、この義務は努力義務であり、努力義務違反による罰則はない。

3）元本欠損リスクのある保険商品を「絶対に損はしない」と断定して勧誘し、顧客に損害が生じた場合、改正金融サービス提供法には罰則規定はないので、X社は改正金融サービス提供法により損害賠償責任を負う可能性はない。

4）X社の営業職員が保険契約の募集・締結を行う際、改正金融サービス提供法または消費者契約法の適用があるときは、これらが特別法として優先し、保険業法は適用されない。

・解説と解答・

1）適切である。不当・不公正な契約全般の適正化を図ることを目的とし、利用者に契約の取消権や契約条項の無効を主張する権利を付与しているのは消費者契約法である（消費者契約法4条、8条等）。

2）不適切である。勧誘方針の策定および公表は努力義務ではなく義務であり、義務違反の場合には50万円以下の過料に処せられる（改正金融サービス提供法10条、97条）。

3）不適切である。X社の営業職員の当該発言は、「断定的判断を提供し、又は確実であると誤認させるおそれのあることを告げる行為」（断定的判断の提供等）に該当する可能性があり、その場合、X社は損害賠償責任を負う（改正金融サービス提供法5条、6条）。

4）不適切である。保険業法の規定も適用される。

正解　1）

1－7　疑わしい取引の届出Ⅰ

《問》マネー・ローンダリング防止に関する次の記述のうち、最も適切なものはどれか。

1）保険会社は、犯罪収益移転防止法に基づき、取引時確認を行った保険取引であれば、当該取引が疑わしい取引に該当する場合であっても、金融庁に届け出る必要はない。

2）疑わしい取引として金融庁に届け出る場合、個人情報保護法上、当該届出に係る契約者等本人の同意は必要とされていないが、個人情報保護の観点から、届出を行った旨を事後に当該本人に通知することが望ましい。

3）疑わしい取引の届出の対象となるのは保険契約時の取引のみであり、保険金支払時の取引は届出の対象とはならない。

4）疑わしい取引については、取引の主体が外国籍の者（マネー・ローンダリング対策が不十分であると認められる特定国等以外の国の者）であっても、届出の対象となる。

・解説と解答・

1）不適切である。取引時確認を行っていたとしても、疑わしい取引については届出を行う必要がある（犯罪収益移転防止法８条１項）。疑わしい取引の届出は、速やかに届出を行わなければならない旨が定められている。

2）不適切である。犯罪捜査の妨げとならないよう、疑わしい取引として届出を行った旨を本人に通知することは、法令上禁止されている（犯罪収益移転防止法８条４項）。

3）不適切である。多額の保険金の現金による支払を求める場合等、支払の場面でも疑わしい取引としての届出が必要な場合がある。なお、金融庁の「疑わしい取引の参考事例」において挙げている事例に形式的に合致するものがすべて疑わしい取引に該当するものではない一方、これに該当しない取引であっても、金融機関等が疑わしい取引に該当すると判断したものは届出の対象となる（金融庁「疑わしい取引の参考事例（保険会社）」の「全般的な注意」）。

4）適切である。

正解　4）

1－8　疑わしい取引の届出Ⅱ

《問》犯罪収益移転防止法に基づく疑わしい取引の届出に関する次の記述のうち、最も適切なものはどれか。

1）マネー・ローンダリングのおそれがあるとして顧客からの生命保険への加入の申込みを断った場合、当該顧客との間に生命保険契約は成立していないが、生命保険会社は、疑わしい取引として届出を行う必要がある。

2）生命保険に加入するために来店した個人顧客Ａは、一度の現金での取引金額がいくらを超えれば当局へ報告するのか等、マネー・ローンダリングに関する生命保険会社の規定について詳しく質問して帰っていった。この場合、Ａとの間で、現金での取引を行ったわけではないので、疑わしい取引として届出を行う必要はない。

3）取引金額が200万円以下の場合は、大口現金取引に該当しないため、顧客に不審な点が見受けられる場合であっても、疑わしい取引として届け出る義務を負うことはない。

4）ある取引について疑わしい取引として届出を行う場合には、収受した財産が薬物犯罪などの犯罪による収益であることが明確であること等、犯罪の存在を生命保険会社が自ら確認したうえで、届出を行う必要がある。

・解説と解答・

1）適切である。疑わしい取引の届出にあたって、顧客との間の取引が成立することは必ずしも必要ないとされている。

2）不適切である。犯罪収益等収受の罪を犯している疑いがあると認められる場合も、「疑わしい取引」にあたる可能性がある。

3）不適切である。200万円以下の取引であっても疑わしい取引として届出を行う必要がある。

4）不適切である。特定の犯罪の存在を認識する必要はなく、犯罪による収益である疑いを生じさせる程度の何らかの犯罪の存在の疑いがあれば足りるとされている。

正解　1）

1－9　反社会的勢力への対応Ⅰ

《問》生命保険会社における反社会的勢力への対応に関する次の記述のうち、最も適切なものはどれか。

1）生命保険会社が生命保険契約約款上の暴力団排除条項により当該契約（無解約返戻金型ではない）を解除する場合、一般に、解約返戻金が当該契約者に支払われる。
2）申込みを行った者が暴力団準構成員であることが判明し、生命保険会社がその情報を業界のデータベースに提供・蓄積する場合には、個人情報保護法により、個人データの提供に関し、本人から同意を得る必要がある。
3）犯罪収益移転防止法に基づく疑わしい取引の届出は、日本国内の暴力団、タリバーン関係者等の排除を目的としたものであるため、それ以外の国の組織が関与している疑いがある場合は、届出の対象とはならない。
4）保険会社が自ら反社会的勢力に関する情報を積極的に収集・分析することは望ましくなく、当該情報の収集・分析は警察に委ねるべきである。

・解説と解答・

1）適切である。取引開始後に取引の相手方が反社会的勢力であると判明した場合には、可能なかぎり契約の解除を図るなど反社会的勢力への利益供与にならないよう配慮すべきである（監督指針Ⅱ－4－9－2⑹③）。約款においては、通常、暴力団排除条項により生命保険契約を解除した場合であっても解約返戻金を支払う旨を規定している。
2）不適切である。暴力団等の反社会的勢力情報を企業間で共有する行為は、「人の生命、身体又は財産の保護のため」（法人を含む）に個人データを第三者に提供する必要がある場合であって、「本人の同意を得ることが困難であるとき」に当たるため、第三者提供の制限に関する例外（個人情報保護法27条1項関係）に該当する。
3）不適切である。疑わしい取引の届出は、テロ防止等も想定しており、必ずしも国内の暴力団やタリバーン関係者等だけを想定したものではない。
4）不適切である。X社は反社会的勢力対応部署において反社会的勢力に関する情報を積極的に収集・分析するとともに、当該情報を一元的に管理したデータベースを構築し、適切に更新（情報の追加、削除、変更等）する必要がある（監督指針Ⅱ－４－９－２⑵①）。

正解　１）

1－10　反社会的勢力への対応Ⅱ

《問》反社会的勢力に関する次の記述のうち、最も不適切なものはどれか。

1）反社会的勢力とは、暴力や威力、詐欺的手法等を駆使して経済的利益を追求する集団または個人をいう。

2）反社会的勢力との取引が判明した場合、その情報は、反社会的勢力対応部署を経由して、迅速かつ適切に取締役等の経営陣に報告しなければならない。

3）反社会的勢力との取引を未然に防止するため、反社会的勢力に関する情報等を活用した適切な事前審査を実施するとともに、契約書や取引約款に暴力団排除条項の導入を徹底する必要がある。

4）反社会的勢力から不当要求があった場合、組織全体で対応し、民事上の法的対抗手段を講ずる必要があるが、刑事事件化は原則として避けるべきである。

・解説と解答・

1）適切である。具体的には、暴力的な要求行為等を行う暴力団、暴力団関係企業、総会屋、社会運動標榜ゴロ、政治活動標榜ゴロ、特殊知能暴力集団等をいう（監督指針Ⅱ－4－9－1⑵）。

2）適切である。反社会的勢力との取引が判明した場合および反社会的勢力による不当要求がなされた場合等において、反社会的勢力対応部署へ迅速かつ適切に報告・相談する体制、反社会的勢力対応部署が当該情報を迅速かつ適切に経営陣に対し報告する体制、反社会的勢力対応部署において実際に反社会的勢力に対応する担当者の安全を確保し担当部署を支援する体制を整えなければならない（監督指針Ⅱ－4－9－2⑵③）。

3）適切である（監督指針Ⅱ－4－9－2⑶）。

4）不適切である。反社会的勢力による不当要求がなされた場合には、担当者や担当部署だけに任せることなく、取締役等の経営陣が適切に関与し、組織として対応する。その際には、積極的に警察・暴力追放運動推進センター・弁護士等の外部専門機関に相談するとともに、暴力追放運動推進センターが示している不当要求対応要領等を踏まえた対応を行うこと。また、あらゆる民事上の法的対抗手段を講ずるとともに、積極的に被害届を提出するなど、刑事事件化を躊躇しない。当該不当要求が、事業活動上の不祥事や役職員の不祥事を理由とする場合には、反社会的勢力対応部署の要請を受けて、不祥事案を担当する部署が速やかに事実関係を調査する、などの対応が求められる（監督指針Ⅱ－４－９－２⑴、⑺）。

正解　４）

1－11　業法による制限

《問》X生命保険会社（以下、「X社」という）の営業職員Sが顧客に対して行うサービスに関する次の㋐～㋓の記述のうち、適切なものはいくつあるか。なお、Sは、生命保険募集人以外の資格は、いっさい有していないものとする。

㋐　Sは、業務の一環としての顧客Aに対するサービスの提供として、確定申告書類の作成を行った。この場合、Aが当該申告書類の内容を改めて税理士に確認してもらった後に提出することを前提に行っているのであれば、Sの行為は税理士法に抵触しない。

㋑　Sは、業務の一環としての顧客Bに対するサービスの提供として、相続税申告書類の作成を行った。この場合、当該書類作成について無料で行っているのであれば、Sの行為は税理士法に抵触しない。

㋒　Sは、業務の一環としての顧客Cに対するサービスの提供として、Cの要請を受けて、Cの経営する会社の退職年金制度に関する相談に無料で応じた。この場合、Sの行為は社会保険労務士法に抵触しない。

㋓　Sが、その業務に関して税理士法に違反する行為を行った場合、行為者であるSは刑事罰の対象となるが、X社が刑事罰を科される可能性はない。

1）1つ
2）2つ
3）3つ
4）0（なし）

・解説と解答・

㋐　不適切である。税理士業務とは、①税務代理、②税務書類の作成、③税務相談を、他人の求めに応じて業として行うことをいい（税理士法2条1項各号）、税理士（または税理士法人）でない者は、有償であるか無償であるかを問わず、税理士業務を行ってはならない（同法52条）。保険会社の職員が、業務の一環としての顧客に対するサービスの提供としてこれらの税理士業務に該当する行為を行うことは、「業として行う」場合に当たるので、税理士法に抵触することになることから、後に税理士による確認がなされたか否かは違法性の判断には関係がない。なお、手数料を得ている場合、通常は「業」として行っていると考えられる。

㋑　不適切である。選択肢１）の解説参照。

㋒　適切である。社会保険労務士法により、社会保険労務士（または社会保険労務士法人。以下同じ）でない者に原則として禁止されているのは、他人の求めに応じ報酬を得て、社会保険や労務に関する書類の作成等や申請手続の代行を行うことなど、同法２条１号から２号までに列挙された事務を業として行うことである（同法27条）。社会保険に関する相談に応じることは同法２条３号に掲げる事務であり、社会保険労務士でない者が業として行うことについて同法上の制限は課されていない。

㋓　不適切である。税理士法において、会社の従業員が税理士法52条に抵触する違法行為を行った場合には、行為者を罰するほか、会社に対しても罰則を科すとされている（同法63条、59条１項４号）。

したがって、適切なものは１つ。

正解　１）

1－12　公益通報者保護法Ⅰ

《問》X生命保険会社（以下、「X社」という）の業務と公益通報者保護法上の「公益通報」に関する次の記述のうち、最も適切なものはどれか。

1）X社の保険契約の被保険者Aは、X社の生命保険募集人の募集上の不正行為を金融庁に通報した。Aの通報は、公益通報として同法の保護の対象になる。

2）X社の正社員Bは、上司の不正行為を通報した。X社の通報受付窓口に最初に通報した場合と新聞社に最初に通報した場合とで、公益通報として同法により保護されるための要件は異なる。

3）X社で勤務する派遣労働者Cは、X社の正社員の金銭の横領行為を金融庁に通報した。Cの通報は不正を目的とするものではないが、派遣労働者による通報であるため、公益通報として同法の保護の対象にならない。

4）会社が設ける通報窓口は、従業員が通報しやすいように社内に設けることが適切であるとされているため、X社は外部の弁護士等に通報窓口を委託することはできない。

・解説と解答・

1）不適切である。公益通報者保護法は、通報した労働者等に対する事業者による解雇等の不利益行為を禁止し、通報した労働者等を保護するものであり、被保険者の通報行為は公益通報者保護法の対象とはならない（公益通報者保護法2条1項）。

2）適切である。事業者、行政機関、新聞社等その他の者に対する通報が公益通報として保護されるための要件はそれぞれ異なる（公益通報者保護法3条各号）。

3）不適切である。派遣労働者による通報も公益通報として保護の対象となる（公益通報者保護法2条1項2号）。

4）不適切である。外部の弁護士事務所への窓口委託は可能である。なお、内部公益通報対応体制の整備義務等に違反した場合等には、助言、指導または勧告の対象となり、勧告に従わない場合には公表の対象となり得る。

正解　2）

１－13　公益通報者保護法Ⅱ

《問》Ｘ生命保険会社（以下、「Ｘ社」という）の営業職員Ａが、同僚Ｂの経費の私的流用について社内通報窓口および金融庁に通報する場合に関する次の記述のうち、最も適切なものはどれか。なお、Ａの通報は不正を目的とするものではない。

1）Ａは匿名で社内通報窓口に通報したが、Ｘ社の内部通報制度は、誹謗中傷防止を目的に匿名の通報は認めないことになっていたため、Ｘ社は事実関係を調査しなかった。

2）Ａの社内通報窓口への内部通報を受けて、Ｘ社は事実関係の調査を開始したが、その調査終了前にＡが社外に通報を行うことは、公益通報者保護法で禁止されている行為であり、当該通報は無効とされる。

3）Ａの金融庁への通報後、Ｘ社が事実関係を調査したところ、Ｂによる私的流用の事実は認められなかった。当該通報を理由にＸ社がＡを懲戒処分にした場合、この懲戒処分は無効とされることがある。

4）Ａの内部通報を受けた社内通報窓口は、調査開始とともに、Ａによる通報の事実とその内容をＢに伝えた。これによりＡとＢとの関係が悪化したため、Ｘ社は、Ａの意思を確認せずにＡを他部署に異動させた。

・解説と解答・

1）不適切である。通報対応の実効性を確保するためには匿名の通報も受け付けることが必要である。

2）不適切である。公益通報者保護法には、事業者内部、権限を有する行政機関、その他の事業者外部の３つの通報先が定められており、それぞれの保護要件を満たしていれば、タイミングを問わずいずれの通報先にも通報することができる。

3）適切である。公益通報をしたことを理由として不利益な取扱いをすることは禁止されているほか、当該懲戒処分の有効性は、故意・過失の有無や処分の程度その他の事情によって判断されるもので、通報内容が真実と認められなかったことをもって有効とされるものではない。

4）不適切である。通報者の所属・氏名等が職場内に漏れること自体が通報者に対する重大な不利益になるほか、被通報者への伝達は適正な調査の支障ともなりうる。また、通報に対する報復と解されるおそれがあり、本人の意思を確認せずに異動させることは適切でない。

2022年6月に施行された公益通報者保護法の改正内容としては、

①事業者に対し、内部公益通報に適切に対応するために必要な体制の整備等を義務付け（中小事業者（常時使用労働者数300人以下）は努力義務）【11条】、

②①の実効性確保のために行政措置を導入【15条、16条】、

③公益通報対応業務従事者（内部調査等に従事する者）に対し、通報者を特定させる情報の守秘を義務付け（同義務違反に対する刑事罰を導入）【12条、21条】、

④権限を有する行政機関への通報の保護要件緩和【3条2号】、

⑤報道機関等への通報の保護要件緩和【3条3号】、

⑥権限を有する行政機関における公益通報に適切に対応するために必要な体制の整備等【13条2項】、

⑦保護される人の範囲拡大（退職者や役員を追加）【2条1項等】、保護される通報の範囲拡大【2条3項】、公益通報者に対する損害賠償の制限【7条】、がある。なお、「退職者」とは、通報の日前1年以内に雇用元（勤務先）で働いていた者をいい、派遣労働者については、通報の日前1年以内に、派遣労働者として派遣先で働いていた者をいう。「役員」とは、法人の取締役、執行役、会計参与、監査役、理事、監事および清算人のほか、法令の規定に基づき法人の経営に従事している者（会計監査人を除く）をいう。

正解　3）

1－14　公益通報者保護法と内部対応

《問》X生命保険会社（以下、「X社」という）の営業職員は、7月1日に営業所の所長によるパワーハラスメントについてコンプライアンス統括部の相談窓口に相談した。数回の相談の後、営業職員は7月15日に所長の人柄の酷さを訴える材料として、所長が顧客から預かった保険料を横領しているとコンプライアンス統括部に伝えた。この場合のコンプライアンス統括部の対応に関する次の記述のうち、最も適切なものはどれか。

1）コンプライアンス統括部自らが事実関係の調査を行うことは、いっさい認められない。

2）営業職員が「所長の横領について調査されると自分へのパワーハラスメントがもっと酷くなるので、横領については調査をしないでほしい」と申し出たことから、コンプライアンス統括部は、営業職員の保護のため、横領行為を調査しないこととした。

3）横領については不祥事件として金融庁に届け出る必要があるが、横領発覚の発端となった営業職員の相談が始まった7月1日から2週間以内に金融庁に届け出る必要がある。

4）仮に、所長が横領しているという話が事実無根であり、もっぱら所長を中傷することを目的とした営業職員の作り話であった場合、コンプライアンス統括部は、X社内部で営業職員の懲戒処分が検討されるよう措置を講じることができる。

•解説と解答•

1）不適切である。不祥事件は、事件と関係ない部署が調査する必要があるが、事案に応じてコンプライアンス統括部が自ら調査することも可能である。

2）不適切である。横領行為は法令違反行為であり、当該営業職員の保護を図りつつも、事実関係を調査する必要がある。

3）不適切である。届出は、不祥事件の発生を保険会社が知った日から30日以内に行う必要がある（保険業法施行規則85条9項）、また、7月1日は、パワハラの相談であり、横領行為についてはまだ発覚していない。

4）適切である。「不正の利益を得る目的、他人に損害を加える目的その他の不正の目的」のために内部告発を行った場合には公益通報者保護法（同法２条）の保護の対象とはならず、懲戒処分の対象とすることができる。

正解　4）

１－15　職員の事故と責任Ⅰ

《問》Ｘ生命保険会社（以下、「Ｘ社」という）の営業職員の行為とＸ社の責任等に関する次の記述のうち、最も適切なものはどれか。

1）営業職員は、保険募集のため顧客のところへ社用の自転車で向かう途中、過失により歩行者と衝突し、ケガを負わせてしまった。営業職員は歩行者に対して損害賠償責任を負うが、Ｘ社の使用者責任が認められる場合でも、Ｘ社は、営業職員に賠償金を支払う資力がないときに限り、歩行者に対して損害賠償責任を負う。

2）営業職員は、個人顧客に対する生命保険の募集の際に保険業法300条に違反する行為を行い、その結果、Ｘ社と顧客との間で生命保険契約が締結された。違法な募集行為に基づき締結された生命保険契約は当然に無効とされるので、Ｘ社は、当該生命保険契約に係る払込保険料を顧客に返還する義務を負う。

3）営業職員は、顧客と共謀して、Ｘ社に対して不正な保険金の請求を行い、Ｘ社から数億円の保険金をだまし取った。この場合、当該不正行為は営業職員の故意に基づく計画的な犯罪行為であるうえ、顧客も加担しており、Ｘ社はもっぱら被害者の立場であることから、Ｘ社が保険業法に基づき行政処分を受けることはない。

4）営業職員は、個人顧客から実印を預かり、当該顧客に無断で契約者貸付を受けて、遊興費として費消してしまった。営業職員に対して刑事罰が科された場合であっても、Ｘ社に対して両罰規定による刑事罰が科されることはない。

・解説と解答・

1）不適切である。営業職員が業務遂行中に過失により事故を起こした場合には、Ｘ社は使用者責任（民法715条）を問われることになる。Ｘ社の使用者責任が認められる場合、被害者は、営業職員とＸ社のどちらに対しても損害賠償を請求できる（なお、Ｘ社が被害者に損害の賠償を行った場合、信義則上相当な限度でＸ社は営業職員に対して求償権を行使することが認められている。同条３項）。

2）不適切である。保険業法300条は、生命保険募集人の一定の行為を禁止する規定であるが、同条に違反する行為があったとしても、それに基づき締結されたすべての生命保険契約が無効となるわけではない。

3）不適切である。生命保険募集人の不正な行為を防ぐ態勢等に問題があると認められれば、行政処分の対象となる可能性がある。

4）適切である。営業職員は横領罪・背任罪等として刑事罰を科される可能性があるが、営業職員に対して刑事罰が科された場合であっても、これらの行為に関する両罰規定は存在せず、X社が刑事罰を科されることはない。

正解　4）

1－16　職員の事故と責任Ⅱ

《問》X生命保険会社（以下、「X社」という）の営業職員の行為に関する次の記述のうち、最も適切なものはどれか。

1）営業職員は、乗用車を運転して顧客を訪問する途中で交通事故を起こし、歩行者にケガを負わせてしまった。乗用車がX社の営業車両ではなく営業職員個人の所有物であれば、X社は、歩行者に対する損害賠償責任を負わない。

2）営業職員は、顧客に対する保険募集の際に誤った説明を行い、その説明を信じて契約をした顧客に損害を与えた。顧客に対する募集は、X社の業務として行われたことであるから、顧客に対して損害賠償責任を負うのはもっぱらX社であり、営業職員個人は、顧客に対する損害賠償責任を負わない。

3）顧客に架空の生命保険契約を提案し、保険料相当額をだまし取った場合、営業職員の行為は自らの意思で行っているため、X社は顧客に対して損害賠償責任を負わない。

4）営業職員は、X社の生命保険の契約者でもある友人の自宅にプライベートで訪問した際、「子どもが病気で入院費用を払えず困っている」という虚偽の話をし、その話を信じた友人顧客から50万円をだまし取った。営業職員の行為は、営業職員が本来行うべき業務とは関係がないことから、X社は、顧客に対する損害賠償責任を負わない。

・解説と解答・

1）不適切である。民法715条は、「ある事業のために他人を使用する者は、被用者がその事業の執行について第三者に加えた損害を賠償する責任を負う」と規定している（使用者責任）。営業職員がX社の業務上起こした交通事故については、自動車の所有者いかんによらず、X社は、使用者責任に基づく損害賠償責任を負う。

2）不適切である。X社は、使用者責任に基づく損害賠償責任を負うが、行為者である営業職員自身も、不法行為による損害賠償責任（民法709条）を負う。

3）不適切である。営業職員が犯意をもって故意に行った行為であっても、それが保険募集人の業務として行われたものであれば、Ｘ社の事業の執行について行われたものとされるため、Ｘ社は、使用者責任に基づく損害賠償責任を負う。

4）適切である。営業職員の友人顧客に対する欺罔行為の内容は、営業職員のＸ社の営業職員としての業務とは関係がない。

正解　4）

1－17　広告・宣伝等の取扱いⅠ

《問》X生命保険会社（以下、「X社」という）の宣伝用頒布物に関する次の記述のうち、最も不適切なものはどれか。

1）X社が、保険商品のパンフレットにおいて他社の商品との比較広告をする場合、客観的事実に基づかずにことさら自社の商品の長所のみを強調した内容とすることは、保険業法のみならず不当景品類及び不当表示防止法（景品表示法）にも違反する可能性がある。

2）X社の従業員は、キャンペーンの宣伝用チラシの背景に著名な写真家の写真を無断で転用した。当該チラシには、出典元として、その写真家の写真集を掲載して引用したので、著作権法上の問題はない。

3）X社が、顧客にノベルティグッズを配布する場合、不当景品類及び不当表示防止法（景品表示法）上の総付景品の規制のみならず保険業法上の特別の利益の提供の禁止等についても該当しないか留意する必要がある。

4）X社が宣伝用に自社の名称を表示して配布した飴に、人体に有害な物質が含まれていることが判明した。この場合、当該飴を製造したのが別の会社であったとしても、X社が製造物責任法上の損害賠償責任を負う可能性がある。

・解説と解答・

1）適切である。自社の保険商品の長所のみを強調した比較広告は、保険業法300条の問題があるだけでなく、優良誤認を生じさせるものとして、景品表示法5条との関係でも問題となる。

2）不適切である。著作物は、公正な慣行に合致していれば、引用して利用することができる。しかし、その場合であっても、「報道、批評、研究その他」の引用の目的上正当な範囲内である必要がある（著作権法32条）。単に背景を飾るためだけの目的で引用することは、報道、批評、研究その他」の引用の目的上正当な範囲内であるとはいえないとされる可能性がある。

3）適切である。なお、一般消費者に対し、「懸賞」によらずに提供される景品類を、一般に「総付景品」という。

4）適切である。製造業者でなくとも、当該製造物の製造、加工、輸入または販売に係る形態その他の事情からみて、当該製造物にその実質的な製造業者と認めることができる氏名等の表示をした者も製造業者等として、製造物責任法上の責任を負担する可能性がある（製造物責任法２条３項３号）。

正解　2）

１－18　広告・宣伝等の取扱いⅡ

《問》Ｘ生命保険会社（以下、「Ｘ社」という）において宣伝用パンフレットの制作を任されていた職員Ａは、新商品の生命保険の宣伝用パンフレットにベストセラー作家Ｂの小説の一部をＢに無断で転載した。また、パンフレットに記載された新商品のロゴについてもＡが制作したが、証券会社であるＹ社の商品のロゴと酷似していることが判明した。この場合に関する次の記述のうち、最も適切なものはどれか。

1）Ｂの小説が文化庁に登録されていなければ、Ｂの小説が著作権法上の著作物として保護されることはない。

2）Ｘ社のパンフレットがＢの著作権を侵害する場合、Ｂは、Ｘ社に対して損害賠償請求をすることができるが、当該パンフレットの使用の差止めを求めることはできない。

3）Ｙ社が当該ロゴを商標登録していた場合には、商標法により、Ｙ社は、Ｘ社に対して侵害の停止や損害賠償請求をすることが認められる。

4）Ｘ社のパンフレットが著作権法違反と判断された場合、当該パンフレットを作成したＡに対しては罰則が適用される可能性があるが、Ｘ社に対しては罰則が適用されることはない。

・解説と解答・

1）不適切である。文化庁への登録は関係なく、著作物を創作した者に著作権が帰属し、著作物が保護される。

2）不適切である。著作権法に基づき、侵害の差止請求も可能である。

3）適切である。Ｙ社のロゴとＸ社のロゴが類似している場合には、商標法により侵害の停止または予防の請求や損害賠償請求が可能である（商標法36条～38条）。

4）不適切である。著作権法において両罰規定が設けられており、法人に対しても罰金刑が科される可能性がある（著作権法124条）。

正解　3）

1－19　広告・宣伝等の取扱いⅢ

《問》Ｘ生命保険会社Ｙ支社では、販売促進のために新たに顧客に対して景品をプレゼントするキャンペーンを実施することを検討している。この場合に関する次の記述のうち、景品表示法（不当景品類及び不当表示防止法）に照らして、最も適切なものはどれか。

1）Ｙ支社が、新たに保険に加入した契約者全員に対して景品を提供することとした場合、景品の金額は制限されない。

2）Ｙ支社が、新聞・広告で告知し、広く消費者一般から官製はがきなどで応募してもらい、その中から抽選で数名に景品を提供することとした場合、景品の上限は1,000万円に制限される。

3）Ｙ支社が、新たに保険に加入した契約者の中から抽選で数名に景品を提供することとした場合、景品の金額は制限されない。

4）Ｙ支社が、法令で定める上限を超えて景品を提供した場合、消費者庁から措置命令が出される場合がある。

・解説と解答・

1）不適切である。総付景品に該当し、景品表示法上、その金額は取引価額の10分の２までに制限される。なお、取引価額が1,000円未満のときは200円が上限となる。

2）不適切である。オープン懸賞に該当し、従前は1,000万円が上限であったが、2006年４月に規制が撤廃されたため、現在は具体的な上限の規制はない（消費者庁ホームページ「景品規制の概要」）。

3）不適切である。一般懸賞に該当し、取引価額が5,000円未満の場合は取引価額の20倍まで、5,000円以上の場合は一律10万円までが上限となる。また、懸賞で提供されるすべての景品類の総額は、その懸賞に係る売上予定総額の２％以内とされている。

4）適切である。当該行為の差止めなどの措置命令が出される場合がある（景品表示法７条）。

正解　4）

1－20　生命保険商品に関する適正表示ガイドライン

《問》一般社団法人生命保険協会が定めた「生命保険商品に関する適正表示ガイドライン」（以下、「本ガイドライン」という）に関する次の記述のうち、最も不適切なものはどれか。

1）本ガイドラインは、保険募集用の資料等について、表示媒体や商品の特性に応じた適正かつ適切な表示を確保し、特に一般消費者に著しく優良・有利であるとの誤認を与えることを防ぐとともに、わかりやすい表示を確保するために策定されたものである。

2）生命保険会社は、自己責任に基づく対応を前提に、関連法令等に則り、本ガイドラインの内容も参考としつつ、表示媒体や商品の特性に応じた適正かつ適切な表示を確保するよう努めることが望ましいとされている。

3）本ガイドラインによると、「最低水準」や「割安」など相対的な優位性があることを意味する用語を使用する際には、その主張する内容が客観的に実証されているか留意する必要があるとされている。

4）本ガイドラインの適用対象は、広告を含めた募集用の資料等であり、商品名や会社名のみを訴求する広告など、具体的な商品内容に触れていないものであっても、すべて本ガイドラインの適用対象となる。

・解説と解答・

1）適切である（「生命保険商品に関する適正表示ガイドライン」（以下、「本ガイドライン」という）P１）。

2）適切である（本ガイドライン表紙）。

3）適切である（本ガイドラインP７）。業界における最上級その他の序列を直接に意味する用語、唯一性を直接に意味する用語（当社だけ、など）、相対的な優位性があることを意味する用語を使用する際には、その主張する内容が客観的に実証されているか留意する必要があるとされている。

4）不適切である（本ガイドラインP１）。特定保険契約を除き、商品名や会社名のみを訴求する広告など、具体的な商品内容に触れていないものについては、本ガイドラインの適用対象とはならない。

正解　4）

1－21　金融ADR制度Ⅰ

《問》金融ADR制度に関する次の記述のうち、最も不適切なものはどれか。

1）金融庁は、保険・銀行・証券など、その所管するすべての金融業務について、指定紛争解決機関としての役割を担っている。

2）生命保険会社は、指定生命保険業務紛争解決機関との間で、手続実施基本契約を締結する義務がある。

3）指定生命保険業務紛争解決機関における紛争の解決は、金融・保険分野の知識・実務経験を有する弁護士等、中立・公正な専門家である紛争解決委員が行う。

4）生命保険会社は、指定生命保険業務紛争解決機関から紛争解決手続において資料の提出等を求められた場合には、正当な理由がない限り、これに応じる義務がある。

・解説と解答・

生命保険に関する金融ADRの手続には、①苦情解決支援という手続と、②紛争解決支援という手続がある。苦情解決支援という手続は、生命保険相談所が間に入り、保険契約者等と生命保険会社との間の紛争を話合いで解決することをサポートするものである。また、紛争解決支援という手続は、裁定審査会が保険契約者等の主張内容と生命保険会社の主張内容をみて、審理を行い、裁定審査会の考え方を裁定書という形で保険契約者等と生命保険会社とに示すものである。

1）不適切である。金融ADR機関（指定紛争解決機関）は、保険・銀行・証券などの業態ごとに設立されており、生命保険業務については生命保険協会が金融ADR機関となっている。

2）適切である（保険業法105条の２）。

3）適切である（保険業法308条の13第３項等）。

4）適切である（保険業法308条の７第２項３号）。

正解　1）

1－22　金融ADR制度Ⅱ

《問》X生命保険会社（以下、「X社」という）は、保険金受取人Aからの保険金請求について、免責事由への該当を理由として不払いとすることを決定し、その旨をAに通知した。AはX社の決定について金融ADR機関を利用しようと考えている。金融ADR機関に関する次の記述のうち、最も不適切なものはどれか。

1）生命保険業界においては、一般社団法人生命保険協会が金融庁から紛争解決機関として指定を受けており、各生命保険会社は、その手続に係る所要の契約を締結している。

2）一般社団法人生命保険協会の生命保険相談所が、Aからの本件申出（苦情）を受け付け、X社にその解決を依頼した後、原則として1カ月を経過しても解決に至らない場合、Aからの申立てに基づき、裁定審査会が解決を図ることとなる。

3）裁定審査会には、第三者への尋問等の手続が備えられていないため、本件不払いが、免責事由への該当性を確認するために利害関係のない医師その他第三者への尋問、鑑定依頼を行う必要がある事案であった場合、Aが裁定審査会に本件不払いの裁定を申し立てたとしても、裁定審査会がその判断において裁定手続を打ち切ることがある。

4）Aが裁定審査会に本件不払いの裁定を申し立てた場合、裁定審査会の裁定書（和解案）に関し、Aに不服があったとしても、金融ADR制度の趣旨にかんがみ、Aがこの和解案の受諾を拒否することはできず、別途訴訟を提起することはできない。

・解説と解答・

1）適切である（保険業法105条の2第1項）。

2）適切である（指定（外国）生命保険業務紛争解決機関「業務規程」7条）。

3）適切である（指定（外国）生命保険業務紛争解決機関「業務規程」24条、32条）。

4）不適切である。裁定書（和解案）の内容に不満がある場合には、申立人は訴訟を提起することができる（生命保険協会「裁定審査会に関するQ&A」Q4－2、4－3）。

正解　4）

1－23　生命保険契約者保護機構Ⅰ

《問》生命保険契約者保護機構に関する次の記述のうち、最も不適切なものはどれか。

1）生命保険契約者保護機構は、破綻生命保険会社の保険契約の移転等における資金援助、補償対象契約の保険金の支払に係る資金援助を行うほか、通常時における生命保険会社と保険契約者との間の契約上のトラブルを解決する。

2）生命保険会社が破綻した場合、生命保険契約者保護機構によって、補償対象契約について、高予定利率契約を除き、破綻時点の責任準備金等の90％まで原則補償される。

3）破綻生命保険会社で会社更生手続が開始された場合、生命保険契約者保護機構は「金融機関等の更生手続の特例等に関する法律（更生特例法）」に基づき、保険契約者表を作成し、裁判所に提出することにより、保険契約者に代わって更生手続に関するいっさいの行為をすることになっている。

4）破綻した生命保険会社の生命保険契約を引き継ぐ救済保険会社が現れなかった場合、生命保険契約者保護機構自らが保険契約を引き継ぐ場合がある。

・解説と解答・

1）不適切である。生命保険会社と保険契約者との間の契約上のトラブルを解決するのは、主に金融 ADR 制度において指定紛争解決機関に指定されている生命保険協会の役割であり、生命保険契約者保護機構の役割ではない。

2）適切である（保険業法270条の３、保険契約者等の保護のための特別の措置等に関する命令50条の５）。

3）適切である（生命保険契約者保護機構「生命保険会社の保険契約者保護制度 Q&A」Ｑ６）。

4）適切である（保険業法265条の28第１項５号）。保護機構の子会社として設立される承継保険会社への保険契約の承継を行うこともある。

正解　１）

１－24　生命保険契約者保護機構Ⅱ

《問》生命保険契約者保護機構に関する次の記述のうち、最も不適切なものはどれか。

１）生命保険会社が破綻した場合に、他の保険契約とは補償率が異なる高予定利率契約とは、破綻時に過去５年間で常に予定利率が基準利率を超えていた契約をいう。

２）生命保険は国の公的年金を補完する役割を担っていることから、生命保険会社が破綻した場合の生命保険契約者保護機構による資金援助は、全額、国からの補助金により行われる。

３）生命保険契約者保護機構による保険契約の移転等の際には、責任準備金等の額の削減に加え、保険料等の算定基礎となる基礎率（予定利率、予定死亡率、予定事業費率等）の変更が行われることがあり、その結果、加入時に約款に基づき定められた保険金額が減額されることがある。

４）銀行の窓口販売により加入した個人年金保険は、預金保険制度により保護されるのではなく、生命保険契約者保護機構により保護される。

・解説と解答・

１）適切である。基準利率は、全生命保険会社の過去５年間の年平均運用利回りを基準に、金融庁長官および財務大臣が定めることとなっており、現在の基準利率は３％である（生命保険契約者保護機構「生命保険会社の保険契約者保護制度Ｑ＆Ａ」Ｑ13)。なお、１つの保険契約において、主契約と特約の予定利率が異なる場合、主契約と特約を予定利率が異なるごとに独立した保険契約とみなして、高予定利率契約に該当するか否かを判断する。

２）不適切である。生命保険契約者保護機構の財源は、会員である生命保険会社各社の負担金からなっており、破綻した生命保険会社の保険契約者の保護のために、生命保険会社各社の拠出する負担金から資金援助等を行うことになっている。ただし、万一、令和９年（2027年）３月末までに生命保険会社が破綻した場合で、生命保険会社各社の負担金だけで資金援助等の対応ができない場合には、国会審議を経て、国から生命保険契約者保護機構に対して補助金を交付することが可能とされている。

3）適切である（生命保険契約者保護機構「生命保険会社の保険契約者保護制度」Q12）。

4）適切である。銀行の窓口販売により加入した個人年金保険であっても、生命保険契約者保護機構により保護される（生命保険契約者保護機構「生命保険会社の保険契約者保護制度」Q18）。

正解　2）

第2章

募集・契約締結

2－1　営業職員と代理店Ⅰ

《問》生命保険募集人Aは、X生命保険会社（以下、「X社」という）に雇用されている営業職員であり、生命保険募集人Bは、X社から保険募集の委託を受けた個人代理店である。この場合における営業職員と代理店との違いに関する次の記述のうち、最も不適切なものはどれか。

1）A、Bの有する権限は、保険契約の締結の媒介に係る権限であって、保険契約の締結の代理権がないのが一般的である。

2）A、Bがそれぞれの業務において、保険業法に違反する行為を行った場合、X社は、Aに対しては就業規則に基づき懲戒処分を行うことができるが、Bに対しては代理店委託契約に定められた措置しかできない。

3）A、Bがそれぞれの業務において、誤った説明をしたことにより保険契約者に損害を与えた場合、X社は、Aの扱った保険契約については雇用主（使用者）として損害賠償責任を負うが、Bの扱った保険契約については損害賠償責任を負うことはない。

4）A、Bの業務に関してX社が内部監査を行う場合、X社は、Bとの間では、代理店委託契約に内部監査の受忍義務を定めておく必要があるが、Aとの間では、その必要はない。

・解説と解答・

1）適切である。

2）適切である。

3）不適切である。営業職員の行為であろうと、代理店の行為であろうと、所属保険会社等は、所定の要件を満たす場合を除いて、保険募集人が保険募集について保険契約者に加えた損害を賠償する責任を負う（保険業法283条）。

4）適切である。雇用関係のあるAとの関係では、包括的な業務命令権または就業規則に基づき、内部監査を義務付けることができるが、Bとの関係では、雇用関係がないため、代理店委託契約に内部監査受忍義務の根拠を定める必要がある。

正解　3）

2－2　営業職員と代理店Ⅱ

《問》生命保険会社の営業職員と代理店による生命保険の募集に関する次の記述のうち、最も不適切なものはどれか。

1）生命保険募集人には大きく分けて、雇用契約に基づき生命保険会社の使用人となる営業職員と、生命保険会社と保険募集の委任または請負契約を締結している代理店とがある。

2）営業職員と代理店は、登録前研修・登録後研修の受講と一般課程試験の合格による登録が共通に必要であるが、代理店の場合は、これに加えて、店主（代表者）向け「委託業務研修」および募集人向け「業務委託説明会」にそれぞれ参加しなければならない。

3）代理店の使用人は、代理店の事務所に勤務し、その指揮・命令のもとで保険募集を行う必要があるが、代理店が内閣総理大臣の登録を受けていれば、その使用人は登録を受ける必要はなく、届出をすれば足りる。

4）営業職員の権限は、一般に保険契約締結の媒介であって契約締結の代理権はないが、代理店についても損害保険代理店とは異なり、契約締結の代理権がないことが一般的である。

・解説と解答・

1）適切である。なお、雇用関係のある生命保険募集人との関係では、包括的な業務命令権または就業規則に基づき、内部監査を義務付けることができるが、保険募集の委任を受けた個人代理店との関係では、雇用関係がないため、代理店委託契約に内部監査受忍義務の根拠を定める必要がある。

2）適切である。

3）不適切である。損害保険募集人としての損害保険代理店の使用人が、損害保険の募集をするには「届出」で足りるが（保険業法302条）、生命保険募集人はすべての者が「登録」の対象となる（保険業法276条、２条19項、20項、23項）。

4）適切である。

正解　3）

2－3　生命保険募集人

《問》生命保険募集人の登録に関する次の記述のうち、最も不適切なものはどれか。

1）破産者で復権を得ていない者または外国の法令上これと同様に取り扱われている者は、生命保険募集人として登録することができない。

2）生命保険募集人の登録を取り消され、取消日から3年を経過しない者は、生命保険募集人として登録することができない。

3）成年後見制度における成年被後見人とならなければ、認知機能に問題があっても生命保険募集人としての登録を拒否されることはない。

4）生命保険募集人の登録の申請の日前3年以内に保険募集に関し著しく不適当な行為をした者は、生命保険募集人として登録することができない。

・解説と解答・

1）適切である（保険業法279条1項1号）。

2）適切である（保険業法279条1項4号）。なお、保険募集人である個人が生命保険募集の業務を廃止したときは、遅滞なく、その旨を内閣総理大臣に届け出なければならない。また、法人である代理店について破産手続開始の決定があったときは、当然に生命保険募集人の登録の効力が失われるが、保険募集人である個人については、破産手続開始決定のみをもって当然に登録の効力が失われるということはない（同法280条1項）。

3）不適切である。精神の機能の障害により保険募集に係る業務を適正に行うに当たって必要な認知、判断および意思疎通を適切に行うことができない者は登録拒否事由に該当するとされている（保険業法279条1項5号、同法施行規則214条の3第1項）。これは成年被後見人であるか否かにかかわらず、必要な認知、判断および意思疎通を適切に行えるか否かによって判断されるということである。

4）適切である（保険業法279条1項6号）。

正解　3）

2－4　生命保険募集人の権限

《問》X生命保険会社（以下、「X社」という）の営業職員である生命保険募集人の権限等に関する次の記述のうち、最も不適切なものはどれか。

1）X社は、生命保険募集人に対して、保険契約の締結の媒介に係る権限ではなく、保険契約の締結の代理権を付与することもできる。
2）生命保険募集人は、生命保険の募集を行おうとするときは、自己が所属保険会社等の代理人として保険契約を締結するものであるか、保険契約の締結を媒介するものであるかの別を、顧客に対して明らかにしなければならない。
3）生命保険募集人が保険募集について保険契約者に損害を加えた場合、X社は、当該生命保険募集人の雇用について相当の注意をし、かつ、当該損害の発生の防止に努めたときを除いて、当該損害を賠償する責任を負う。
4）生命保険募集人が保険契約の締結の媒介をする者である場合、当該生命保険募集人については、保険契約を締結する権限は認められないが、告知受領権は法律上当然に認められている。

・解説と解答・

1）適切である。生命保険募集人の権限には契約締結の代理または媒介の２種類があるが、保険業法では、契約締結権限を生命保険募集人に付与するかどうかを生命保険会社の選択に委ねており、契約締結の代理権を有する生命保険募集人も認められている（保険業法２条19項）。
2）適切である（保険業法294条３項２号）。
3）適切である（保険業法283条１項、２項２号）。
4）不適切である。生命保険募集人が保険契約の締結の媒介をする者である場合について、判例・通説は告知受領権限を有しないと解しており、実務上も、生命保険募集人は告知受領権限を有しないという前提に基づく取扱いがなされているのが通常である。

正解　4）

2－5　無資格者による保険募集

《問》生命保険募集人の登録のない者の業務の範囲に関する次の記述のうち、最も不適切な行為はどれか。

1）生命保険募集人の登録のない生命保険会社のコールセンターのオペレーターは、顧客から契約者変更の書類を送ってほしいとの依頼があったので、受け付けて手配した。

2）生命保険募集人の登録のない税理士は、自らが主催する講演会において、相続税対策への生命保険の活用について、生命保険会社の名前を出さずに、商品例を使って説明した。

3）企業の福利厚生担当者（生命保険募集人の登録なし）が、生命保険募集人から依頼を受けて、生命保険の商品パンフレットを事業所内に備え置きした。

4）生命保険募集人に顧客を紹介した者（生命保険募集人の登録なし）が、生命保険募集人から依頼を受けて、生命保険の商品パンフレットを使って当該顧客にあらかじめ商品内容の説明をした。

・解説と解答・

1）適切である。コールセンターのオペレーターが行う、事務的な連絡の受付や事務手続等についての説明は、原則として募集に当たらないと考えられる。

2）適切である。金融商品説明会における、一般的な保険商品の仕組み、活用法等についての説明は、原則として募集に当たらないと考えられる。

3）適切である。保険募集人の指示を受けて行う、商品案内チラシの単なる配布は、原則として募集に当たらないと考えられる。

4）不適切である。保険契約の締結の勧誘を目的とした保険商品の内容説明は、募集に該当すると考えられる。

正解　4）

２－６　特別の利益の提供の禁止Ⅰ

《問》保険業法上の「特別の利益の提供」に関する次の記述のうち、最も不適切なものはどれか。

１）生命保険募集人Ａが、生命保険に加入してもらった顧客に対し、第１回保険料相当額に当たる３万円の商品券を贈呈することは、保険業法に違反する。

２）生命保険募集人Ａの弟Ｂは、生命保険に加入してもらった顧客と取引関係にある会社の営業部長であり、Ａは、顧客に加入のお礼をするためにＢに依頼して顧客を訪問させ、Ｂを通して、顧客に対しプロ野球の観戦チケット２枚（１万円相当）を贈呈した。このＡの行為は、保険業法に違反する。

３）生命保険募集人Ａが、第１回保険料相当額を立て替えた場合、１カ月後に顧客から保険料相当額を回収したとしても、保険業法に違反するおそれがある。

４）保険会社が、保険契約者または被保険者に対し、保険契約の締結によりポイントを付与し、当該ポイントに応じた生活関連の割引サービス等を提供することは、常に保険業法に違反する。

・解説と解答・

１）適切である。商品券は換金性が高く、保険料の割引・割戻しに当たると考えられる。また、３万円は社会的相当性の範囲を超えた利益の提供になるとも考えられる。

２）適切である。なんらの名義によってするかを問わず、保険業法300条１項５号に規定する行為の同項の規定による禁止を免れる行為は禁止される（同法300条１項９号、同法施行規則234条１項１号）。

３）適切である。たとえ事後に回収したとしても、回収までの金利その他の利益を顧客に与えているとも考えられるので、保険業法に違反するおそれがあると考えられる（保険業法300条１項５号）。

４）不適切である。ポイントに応じてキャッシュバックを行うことは保険料の割引・割戻しに当たるが、生活関連の割引サービスを提供することは、必ずしも特別の利益の提供には当たらない（監督指針Ⅱ－４－２－２⑻①の（注）参照）。

正解　４）

2－7　特別の利益の提供の禁止Ⅱ

《問》生命保険募集人の行為に関する次の記述のうち、最も不適切なものはどれか。

1）生命保険募集人が、顧客に生命保険契約に加入してもらうために、第1回保険料相当額を自ら負担する行為は、保険業法に抵触する。

2）生命保険募集人が、その所属する生命保険会社の子会社が顧客に特別の利益の提供をしていることを知りながら、当該顧客に対して保険募集を行い、生命保険契約の申込みをさせる行為は、保険業法に抵触する。

3）生命保険募集人が、生命保険契約に加入してもらった顧客に対し、社会相当性を超えない範囲内の手帳とカレンダーを贈呈する行為は、保険業法に抵触しない。

4）生命保険募集人が、顧客に生命保険契約に加入してもらうために、特別の利益の提供を約束したものの、提供に至らなかったときには、保険業法に抵触しない。

・解説と解答・

1）適切である。保険契約者または被保険者に対し保険料の割引、割戻しその他特別の利益の提供を約し、または提供することは禁止されており（保険業法300条1項5号）、第1回保険料相当額を生命保険募集人自らが負担することは顧客の支払うべき保険料の割引に該当する（現金給付による直接的な割引と同視できる）と考えられることから、保険業法に抵触する。

2）適切である。保険会社の子会社や関連会社等の特定関係者が保険契約者または被保険者に対して特別の利益の提供を約束していること、または提供していることを知りながら、これらの者に保険契約の申込みをさせることは、保険業法に抵触する（保険業法300条1項8号）。

3）適切である。経済的価値や内容が社会相当性を超えない範囲内の物品の提供は、保険業法に抵触しないと考えられる（監督指針Ⅱ－4－2－2(8)①ア参照）。

4）不適切である。特別の利益を提供する行為だけではなく、特別の利益の提供を約束する行為も禁止されている（保険業法300条1項5号）。

正解　4）

2－8　比較表示Ⅰ

《問》保険商品の比較表示に関する次の記述のうち、最も不適切なものはどれか。

1）保険商品の比較情報は、保険契約者または被保険者が商品を選択する際に有益な情報となることもあるから、保険業法は、比較表示自体を禁止しているわけではない。

2）現に提供されていない保険契約の契約内容と比較して表示することは、保険業法に抵触する。

3）保険料に関する比較表示を行う場合は、保険料に関して顧客が過度に注目するように誘導したり、保障（補償）内容等の他の重要な要素を看過させるような表示を行わないよう配慮する必要がある。

4）各社商品の「契約概要」の記載内容の全部を表形式にまとめて表示した場合は、顧客を誤解させるおそれがあるため、保険業法に抵触する。

・解説と解答・

1）適切である。保険業法300条1項6号は、誤解させるおそれのある比較表示を禁止している。比較表示に関し、同法300条1項6号に抵触する行為には以下の事項が考えられる（監督指針Ⅱ－4－2－2(9)②）。

①客観的事実に基づかない事項または数値を表示すること。

②保険契約の契約内容について、正確な判断を行うに必要な事項を包括的に示さず一部のみを表示すること。

③保険契約の契約内容について、長所のみをことさらに強調したり、長所を示す際にそれと不離一体の関係にあるものを併せて示さないことにより、あたかも全体が優良であるかのように表示すること。

④社会通年上または取引通年上同等の保険種類として認識されない保険契約間の比較について、あたかも同等の保険種類との比較であるかのように表示すること。

⑤現に提供されていない保険契約の契約内容と比較して表示すること。

⑥他の保険契約の契約内容に関して、具体的な情報を提供する目的ではなく、当該保険契約を誹謗・中傷する目的で、その短所を不当に強調して表示すること。

2）適切である（監督指針Ⅱ－４－２－２(9)②オ.）。

3）適切である（監督指針Ⅱ－４－２－２(9)④）。

4）不適切である。記載の例は、一部比較に当たらず、正確な判断を行うに必要な事項を包括的に示したものとみなされる（監督指針Ⅱ－４－２－２(9)②イ.（注１））。

正解　4）

2－9　比較表示Ⅱ

《問》保険業法で禁止されている「保険契約者等に対して誤解させるおそれのある比較表示行為」に関する次の記述のうち、最も不適切なものはどれか。

1）保障（補償）内容や特約の内容に関しては、比較する全商品にほぼ共通して存在すると認められる事由や、比較の対象とした保険種類であれば通常支払われるものと認められる事由であっても、記載内容を省略することは保険業法に抵触する。

2）保険料に関する比較表示を行う場合は、保険料に関して顧客が過度に注目するよう誘導したり、保障（補償）内容等、他の重要な要素を看過させるような表示を行うことがないよう配慮しなければならない。

3）保険料に関する比較表示を行う場合は、契約条件や保障（補償）内容の概要等、保険料に影響を与えるような前提条件を併せて記載することが適切な表示として最低限必要である。

4）比較表示を行う際は、比較表示を行う主体がどのような者（保険会社、保険募集人）か、比較の対象となった保険商品を提供する保険会社等との間に、提供する比較情報の中立性・公正性を損ないうるような特別の利害関係がないか等について、明示することが望ましい。

・解説と解答・

1）不適切である。保障（補償）内容や特約の内容に関して、比較する全商品にほぼ共通して存在すると認められる事由や、比較の対象とした保険種類であれば通常支払われるものと認められる事由については、記載内容を省略したことをもって直ちに「誤解させるおそれ」を生じさせるものではない（監督指針Ⅱ－４－２－２⑼③（注２））。

2）適切である（監督指針Ⅱ－４－２－２⑼④）。

3）適切である（監督指針Ⅱ－４－２－２⑼④（注１））。

4）適切である（監督指針Ⅱ－４－２－２⑼⑤）。

正解　1）

2－10　比較表示Ⅲ

《問》保険商品の比較表示に関する次の記述のうち、最も不適切なものはどれか。

1）比較表示の対象としたすべての保険商品について、インターネットのホームページ上に「契約概要」を表示できるようにし、比較表示に関し所定の注意文言を記載すれば、保険契約の契約内容について正確な判断を行うに必要な事項を包括的に表示したものと考えられる。

2）他の保険契約の契約内容に関して、具体的な情報を提供する目的ではなく、当該保険契約を誹謗・中傷する目的で、その短所を不当に強調して表示することは、保険業法に抵触する。

3）保険期間の相違がある保険商品の比較を行う場合、商品内容の相違を明確に記載する等、顧客が同等の保険商品と誤解することがないよう配慮した記載を行うことが求められる。

4）保険商品の比較情報は、保険契約者が商品を選択する際に有益な情報となることもあるから、新聞やインターネット等の広告における比較表示は禁止されないが、パンフレットやご契約のしおり等、もっぱら募集のために使用される文書および図画における比較表示は、全面的に禁止されている。

・解説と解答・

1）適切である（監督指針Ⅱ－4－2－2(9)②イ.(ア)、(イ)）。

2）適切である（監督指針Ⅱ－4－2－2(9)②カ.）。

3）適切である（監督指針Ⅱ－4－2－2(9)②エ.）。

4）不適切である。保険業法300条1項6号は、誤解されるおそれのある比較表示のみを禁止している。新聞紙やインターネットによる比較表示だけでなく、パンフレット、ご契約のしおり等募集のために使用される文書および図画における比較表示も、誤解されるおそれがなければ認められる（監督指針Ⅱ－4－2－2(9)①）。

正解　4）

2－11　断定的判断の提供等の禁止Ⅰ

《問》Ｘ生命保険会社の営業職員が行った保険募集に関する次の記述のうち、断定的判断の提供等の禁止および保険契約の説明義務等の観点からみて、最も適切なものはどれか。

1）保険募集に際して、表示された予想配当額が将来の受領額の目安として一定の条件のもとでの計算例を示すものであるにもかかわらず、その旨および当該一定の条件の内容を表示しなかった。

2）保険募集に際して、配当の仕組み、支払方法については表示したが、予想配当の前提または条件となる事項については表示しなかった。

3）変額個人年金保険の募集に際して、「この保険の年金原資額は資産運用実績によって変動しますが、少なくとも保険設計書に記載されている金額は支払われることが確実です」との説明を行った。

4）外貨建保険の募集に際して、為替リスクの存在について十分な説明を行うとともに、当該保険契約者（個人）が為替リスク等について了知した旨の確認書等の取付けを行った。

・解説と解答・

1）不適切である。予想配当表示に関し、断定的判断の提供等の禁止に該当すると考えられる行為として例示されている（保険業法300条１項７号、監督指針Ⅱ－４－２－２⑽②ア．(イ)）。

2）不適切である。配当の仕組み、支払方法および予想配当の前提または条件となる事項について表示しないことは、断定的判断の提供等の禁止に該当すると考えられる行為として例示されている（保険業法300条１項７号、監督指針Ⅱ－４－２－２⑽②ア．(ウ)）。

3）不適切である。設問の行為は断定的判断の提供等の禁止に該当する（保険業法300条１項７号、監督指針Ⅱ－４－２－２⑽③）。

4）適切である（監督指針Ⅱ－４－２－２⑽④）。

正解　４）

2－12　断定的判断の提供等の禁止Ⅱ

《問》X生命保険会社の営業職員Aが行った保険募集に関する次の記述のうち、断定的な判断の提供等の禁止の観点からみて、最も不適切なものはどれか。

1）Aは、保険募集に際し、実際の配当額は、表示された予想配当額から変動しゼロとなる年度もあることを予想配当と併記して表示したが、特別配当を普通配当と区別しないで表示した。

2）Aは、保険募集に際し、直近決算の実績配当率で算定した予想配当額を表示するとともに、少なくとも合理的な一時点においては、利差配当率が直近決算の実績配当の利差配当率から上方1％以内、下方には上方への幅以上の範囲内で推移すると仮定して算定した配当額も併せて表示した。

3）Aは、変額保険の募集に際して、「この保険の満期保険金額は資産運用実績によって変動しますので、保険設計書記載の満期保険金額は支払が約束されたものではありません」と説明した。

4）Aは、外貨建保険の募集に際して、為替リスクの存在について十分説明を行うとともに、当該保険契約者（個人）が為替リスク等について了知した旨の確認書等の取付けを行った。

・解説と解答・

1）不適切である。保険募集に際し、実際の配当額は、表示された予想配当額から変動しゼロとなる年度もあることを予想配当と併記して表示することは適切であるが（監督指針Ⅱ－4－2－2⑽②ア．㋐）、特別配当（ミュー配当）を表示する場合に、普通配当と区別しないで表示することは、保険業法300条1項7号に抵触する（監督指針Ⅱ－4－2－2⑽②ア．㋕）。

2）適切である。生命保険について、予想配当表示を行い、または、生命保険募集人に予想配当表示を行わせる場合には配当率が直近決算の実績配当率（確定するまでの間は、その直前の実績配当率または合理的かつ客観的なもので、保守的に算定された配当率とする）で推移すると仮定して算定した配当額を表示し、さらに、少なくとも合理的な一時点においては、利差配当（ラムダ配当を含む）率（配当を積み立てる場合は、積立配当率も含む）が、直近決算の実績配当の利差配当率から上方に1％以内、下方には上方への幅以上（ただし、実績配当率を下回る利差配当率の下限は０％）の範囲内で推移すると仮定して算定した配当額も併せて表示することが要請されている（監督指針Ⅱ－４－２－２⑽②イ.）。

3）適切である。変額保険は特別勘定によって運用され、その満期保険金額は資産運用実績によって変動するものであるから、保険設計書記載の満期保険金額が確実に支払われるものであるとの断定的判断の提供をしてはならない（監督指針Ⅱ－４－２－２⑽③）。

4）適切である。外貨建保険の募集に際しては、保険契約者等の保護を図る観点から、保険業法300条１項７号関係（同法施行規則233条を含む）の規定に特に留意のうえ、募集時に為替リスクの存在について十分説明を行うとともに、保険契約者が為替リスク等について了知した旨の確認書等の取付けの徹底が要請されている（監督指針Ⅱ－４－２－２⑽④）。

正解　1）

2－13 取引上の力関係を利用した保険募集

《問》X生命保険会社（以下、「X社」という）の営業職員の保険募集行為に関する次の記述のうち、独占禁止法に照らして、最も適切なものはどれか。

1）営業職員は、X社が事務用品を継続的に購入している会社が確定拠出年金の導入を検討していると知ったため、X社の確定拠出年金用の商品の導入を勧め、仮にX社の商品を導入しなければ事務用品の購入先を変更する可能性がある旨を告げた。

2）営業職員は、X社が保険募集のパンフレット等の印刷を発注している会社に対し、新しい保険商品の加入を勧めた。その際に、営業職員は、最低10件の加入がなければ今後他社にパンフレットの発注をすることになると話した。

3）営業職員は、X社が継続的にシステム開発を委託している会社の福利厚生担当者から、団体定期保険の導入を検討しているとの相談を受けた。営業職員から保険の勧誘をしたわけではないため、同社の担当者に対し、団体定期保険の導入の結果いかんが今後の同社への発注に影響しかねないと話した。

4）営業職員は、X社が融資をしている会社に団体定期保険の加入を勧めるにあたり、同社がX社の団体定期保険を導入するか否かは同社に対する融資の条件等には影響しない旨を説明したうえで、商品の説明をした。その結果、同社は他社の商品とも比較検討したうえで、X社の商品を選択し契約した。

・解説と解答・

1）不適切である。継続して取引する相手方に対し、優越的地位を利用して商品・役務を購入させる行為は優越的地位の濫用として不公正な取引方法として禁止されている（独占禁止法19条、2条9項5号イ）ところ、Aの行為は優越的地位の濫用に該当するおそれがある。

2）不適切である。優越的地位の濫用に該当するおそれがある。

3）不適切である。取引のきっかけはどうであれ、このような方法は優越的地位の濫用に該当する。

4）適切である。

正解　4）

2－14　特定保険契約の販売と説明義務Ⅰ

《問》変額保険など、金融市場の相場その他指標に係る変動により損失が生ずるおそれのある保険契約（特定保険契約）を個人顧客（特定投資家ではない）に勧誘する場合に関する次の記述のうち、最も不適切なものはどれか。

1）特定保険契約の勧誘については、保険業法が準用する金融商品取引法による規制を受ける。

2）特定保険契約については、契約締結前交付書面の交付義務が課されていない。

3）特定保険契約については、契約概要と注意喚起情報を記載したうえで、両者を交付する必要がある。

4）契約締結前交付書面の交付時期については、顧客が特定保険契約の内容を理解するために十分な時間が確保される必要がある。

・解説と解答・

1）適切である。特定保険契約については、保険業法300条の２により金融商品取引法の規制の一部が準用されている。

2）不適切である。金融商品取引法により契約締結前の書面交付義務が課されている（準用金融商品取引法37条の３第１項本文）。

3）適切である。契約概要、注意喚起情報を記載することは監督指針上の要請であるが（監督指針Ⅱ－４－２－２⑵③）、ともに契約締結前書面を構成するものであり、一体的に交付される必要がある。

4）適切である。

正解　2）

【参考】

令和５年11月29日に「金融商品取引法等の一部を改正する法律」（以下、「改正法」という）が公布された。改正法では「顧客本位の業務運営・金融リテラシー」、「企業開示」および「その他のデジタル化の進展等に対応した顧客等の利便向上・保護に係る施策」などの点においていくつか改正があるなか、「契約締結前等の顧客への情報の提供等に関する規定の整備」が盛り込まれている。

現行の金融商品取引法では、①契約締結前交付書面（同法37条の３第１項）、

②契約締結時等交付書面（同法37条の４第１項)、③最良執行方針（同法40条の２第４項）および最良執行説明書（同条５項)、並びに④運用報告書（同法42条の７）について、原則として書面交付義務が課されているが、改正法では、それぞれの記載事項に係る情報提供義務へと変更される。これは、書面での提供を原則としていた規定（デジタルで情報提供する場合は、顧客の事前の承諾が必要）について、書面とデジタルのどちらで情報提供することも可能とするよう見直されたものである。

また、改正法の37条の３第２項として「金融商品取引業者等は、契約締結前に顧客に対し情報の提供を行うときは、顧客の知識、経験、財産の状況及び当該金融商品取引契約を締結しようとする目的に照らして、当該顧客に理解されるために必要な方法及び程度により、説明をしなければならない」という内容の規定が設けられる（実質的説明義務（広義の適合性の原則）の法定)。

改正法の施行日は内容によって異なるが、上記の改正は、公布の日から１年６カ月を超えない範囲内において政令で定める日から施行されるとされている(情報提供におけるデジタル技術の活用に関しては経過措置がある)。

２－15　特定保険契約の販売と説明義務Ⅱ

《問》個人顧客（特定投資家ではない）に対する生命保険会社の変額保険の販売・勧誘行為に関する次の記述のうち、最も不適切なものはどれか。

1）変額保険の販売・勧誘に際し、資産・収入等の財産の状況や投資性金融商品の購入経験の有無等の情報を顧客から収集し、その情報に即した適切な勧誘を行う必要がある。

2）変額保険の契約を締結しようとする際は、顧客に対し、あらかじめ所定の事項を記載した契約締結前交付書面を交付しなければならない。

3）変額保険の募集に際しては、保険業法上の保険契約者等の保護に資する情報提供義務や重要事項の不告知の禁止が適用される。

4）変額保険の契約が成立した際は、所定の事項を記載した契約締結時交付書面を遅滞なく顧客に交付しなければならない。

•解説と解答•

1）適切である（監督指針Ⅱ－４－４－１－３⑴、⑵）。

2）適切である（保険業法300条の２、金融商品取引法37条の３第１項本文）。

3）不適切である。特定保険契約については、保険業法294条１項の情報提供義務は適用されず、代わって契約締結前の書面交付義務が課されていることに留意する必要がある（同法294条２項、300条１項本文、300条の２、金融商品取引法37条の３、監督指針Ⅱ－４－２－２⑵②（注２））。

4）適切である（保険業法300条の２、同法施行規則234条の25、金融商品取引法37条の４）。

正解　3）

2－16　営業職員の代筆、無断作成Ⅰ

《問》Ｘ生命保険会社の営業職員Ａは、以前から知っていた知人Ｂの生年月日、住所、職業などを利用し、Ｂに無断で申込書に署名・押印したうえ、第１回保険料を立て替えて入金した。Ａの行為に関する次の㋐～㋓の記述のうち、適切なものはいくつあるか。

㋐　Ａの行為は、Ｂに無断でＢの名義を使用して、生命保険契約という権利義務に関する文書を偽造したものであるから、有印私文書偽造・偽造私文書等行使に該当し、刑事罰を受ける可能性がある。

㋑　Ｂが当該契約を無効とするためには、クーリング・オフの手続によらなければならない。

㋒　Ｂは、プライバシーを侵害されており、Ａに対して損害賠償を請求することができる場合がある。

㋓　Ａの行為は、保険募集に関し著しく不適当な行為に該当し、募集人登録の取消しなどの行政処分の対象となる可能性がある。

1）１つ
2）２つ
3）３つ
4）０（なし）

・解説と解答・

㋐　適切である（刑法159条、161条）。

㋑　不適切である。顧客に契約意思がない以上、Ａが手続をした保険契約はそもそも無効であって、クーリング・オフの手続をする必要はない。

㋒　適切である（民法709条）。Ｂは、生年月日等の情報を保険会社に対して無断で開示されるなど、プライバシー権を侵害されている。

㋓　適切である（保険業法307条１項３号）。

したがって、適切なものは３つ。

正解　3）

2－17　営業職員の代筆、無断作成Ⅱ

《問》Ｘ生命保険会社（以下、「Ｘ社」という）の営業職員Ａが顧客の保険契約に係る申込書や告知書を代筆した場合または無断作成した場合に関する次の記述のうち、最も不適切なものはどれか。本問の顧客は自筆が困難な障がい者等ではないものとする。

1）Ａが顧客の申込書を代筆した場合は、事後に当該顧客の申込みの意思を立証できないことを理由に、当該保険契約が無効とされる可能性がある。

2）保険契約者と被保険者が異なる死亡保険契約において、Ａが被保険者に無断で告知書を代筆した場合、保険契約者の申込みの意思が確認できるのであれば、当該保険契約は有効に成立する。

3）Ａが顧客に無断で申込書と告知書を作成してＸ社に提出した場合、Ａは有印私文書偽造・偽造私文書等行使の罪に問われるとともに、保険業法違反として行政処分を受ける可能性がある。

4）Ａが告知書を代筆した場合、告知内容が事実と異なっていたとしても、Ｘ社は告知義務違反を理由として保険契約を解除できない可能性がある。

・解説と解答・

1）適切である。顧客に保険契約を申し込む意思がある場合は、営業職員その他の第三者が申込書を代筆したとしても、保険契約は有効に成立する。しかし、仮に保険契約成立時に顧客に申込みの意思があるようにみえても、事後に当該顧客が保険契約の成立を争うことになった場合は、代筆である事実により顧客の申込みの意思の立証が困難となり、保険契約の有効性が否定される可能性がある。

2）不適切である。死亡保険契約において、被保険者に無断で告知書を代筆した場合は、申込書における被保険者同意欄等も代筆しているため、被保険者が当該保険契約に同意していない可能性があり、保険契約の効力が否定される可能性がある（保険法38条）。

3）適切である。顧客に無断で申込書と告知書を作成して保険会社に提出した場合、有印私文書偽造・偽造私文書等行使罪が成立する可能性がある（刑法159条、161条）。また、保険募集に関し著しく不適当な行為（保険業法

307条1項3号)、告知妨害(同法300条1項3号)と評価され、保険募集人登録の取消し等の行政処分を受ける可能性がある(同法307条1項3号、306条等)。

4)適切である。告知義務違反があれば保険会社は契約を解除できるのが原則である(保険法55条1項)。しかし、営業職員が告知書を代筆した場合は、顧客の告知を妨害したものと評価され、顧客が営業職員の行為がなかったとしても告知義務違反をしたと認められる場合を除き(同法55条3項)、保険会社の解除権を行使できない可能性がある(同法55条2項2号)。

なお、「保険会社向けの総合的な監督指針」では、自筆が困難な障がい者等への代筆について、「障がい者等のうち自筆が困難な者(以下、「自筆困難者」という)から、口頭で保険取引の申込みがあった場合、保険会社の職員または保険募集人が代筆したときは、例えば、複数の職員等が確認したうえで、その確認をしたという事実を記録として残すなど、自筆困難者の保護を図ったうえで、代筆を可能とする旨の社内規則を整備し、十分な対応をしているか。なお、自筆困難者からの当該申込みは「口頭による意思表示」に当たると考えられるため、取引関係書類への代筆は、当該申込みに係る意思表示の範囲内に限られることに留意する必要がある」としている(監督指針Ⅱ－4－11－2(2)①)。

正解　2)

２－18　営業職員の代筆、無断作成Ⅲ

《問》生命保険会社の営業職員が顧客の保険契約に係る申込書や告知書を代筆または無断作成した場合に関する次の記述のうち、最も不適切なものはどれか。本問の顧客は自筆が困難な障がい者等ではないものとする。

1）顧客の意思に基づく申込書の代筆を直接禁止する法令はないが、事後に当該顧客の申込みの意思を立証できないことで当該生命保険契約が無効とされる可能性がある。

2）顧客の意思に基づく申込書の代筆を直接禁止する法令はないが、生命保険会社は保険契約者等に対し、当該契約内容への同意の記録を求める措置を確保するための方法を含む社内規則等を適切に定めることが求められる。

3）被保険者に無断で告知書を代筆して生命保険会社に提出した場合、当該営業職員は保険業法違反として行政処分を受ける可能性がある。

4）保険契約者と被保険者が異なる死亡保険契約の告知書を被保険者の同意を得ずに無断で代筆した場合、保険契約者の申込みの意思確認があれば、保険契約が無効となることはない。

・解説と解答・

1）適切である。顧客の意思に基づいて申込書を代筆することを直接禁止する保険業法その他の法令の規定はないため、保険契約者に申込みの意思があれば営業職員その他の第三者が申込書を代筆したとしても、保険契約は有効に成立する。しかし、仮に保険契約成立時に顧客に申込みの意思があるようにみえても、事後に当該顧客が保険契約の成立を争うことになった場合は、代筆である事実により顧客の申込みの意思の立証が困難となり、保険契約の有効性が否定される可能性がある。

2）適切である（監督指針Ⅱ－４－４－１－２⑽）。

3）適切である。顧客に無断で申込書と告知書を作成して保険会社に提出した場合、保険募集に関し著しく不適当な行為（保険業法307条１項３号）、告知妨害（同法300条１項３号）と評価され、保険募集人登録の取消し等の行政処分を受ける可能性がある（同法307条１項３号、306条等）。

4）不適切である。保険契約者と被保険者が異なる死亡保険契約において、被保険者に無断で告知書を代筆した場合は、申込書における被保険者同意欄等も代筆しているため、被保険者が当該保険契約に同意していない可能性があり、保険契約の効力が否定される可能性がある（保険法38条）。

正解　4）

2－19　高齢者との保険契約締結上の留意点Ⅰ

《問》高齢者である顧客との間での保険契約の締結に関する次の記述のうち、最も不適切なものはどれか。

1）高齢者に保険商品を勧める場合、複数回の面接をし、さまざまな話題で会話をすることで、判断能力の程度を見極めることが重要である。

2）高齢者に保険商品を勧める場合、高齢者に意思能力が認められないと、保険契約が無効になることがある。

3）保険契約の締結に必要とされる意思能力の程度は、通常、日用品の購入などの売買契約よりも高度なものが要求される。

4）高齢者に保険商品を勧める場合、親族の同席を求めることは、個人情報保護の観点から避けなければならない。

・解説と解答・

1）適切である。高齢者の判断能力（意思能力の有無）を見極めるには、さまざまな角度から質問をするとともに、日を改めて面接することが望ましい。

2）適切である。意思能力のない者の法律行為は無効である（大判明38.5.11民録11輯706頁、民法3条の2）。

3）適切である。法律行為をする際に要求される意思能力は、法律行為の種類によって異なるとされている。保険契約は一般にその内容が複雑であることから、判断能力の程度も単純な売買契約などに比べて高度なものが要求されるといってよい。

4）不適切である。高齢者に適切な保険商品を勧める場合は、その判断能力を補完するだけではなく、事後のトラブルを避けるためにも、親族の同席を求めるのが望ましい（監督指針Ⅱ－4－4－1－1⑷①）。高齢者がことさら親族の同席を拒否するような場合を除き、個人情報保護の問題は生じない。

正解　4）

2－20　高齢者との保険契約締結上の留意点Ⅱ

《問》高齢の顧客に対して勧誘を行う際の留意点に関する次の記述のうち、最も不適切なものはどれか。

1）高齢の顧客に対しては、保険契約の申込みの検討に必要な時間的余裕を確保するため、複数回の保険募集機会を設ける方法が考えられるが、さまざまな話題で会話することにより意思能力の程度を見極めることも重要である。

2）高齢の顧客に対しては、保険契約申込みの受付後に電話等を行うことにより当該顧客の意向に沿った商品内容等であることを確認する方法が考えられるが、その確認は保険募集を行った者以外の者が行うことが望ましい。

3）高齢の顧客に対しては、加齢に伴う認知能力の低下を配慮し、適切かつ十分な説明を行うため、社内規則等に保険募集における高齢者の定義を規定したうえで、高齢者や商品の特性等に配慮したきめ細かな取組み等が必要である。

4）高齢の顧客に対しては、親族等の同席を求める方法が考えられるが、同席者については、個人情報保護の観点から、当該契約の指定代理請求人や死亡保険金受取人に限定すべきである。

・解説と解答・

1）適切である（監督指針Ⅱ－４－４－１－１(4)③）。

2）適切である（監督指針Ⅱ－４－４－１－１(4)④）。

3）適切である（監督指針Ⅱ－４－４－１－１(4)）。

4）不適切である。高齢者に対する募集における適切な対策として、保険募集時に親族等の同席を求める方法が考えられるが（監督指針Ⅱ－４－４－１－１(4)①）、同席者については、商品内容に対する理解の促進に加え、保険金・給付金請求時のスムーズな手続の観点から、当該契約の指定代理請求人や死亡保険金受取人、高齢者の子等が望ましいが、高齢者の生活環境等を踏まえた柔軟な対応を妨げるものではないとされる（一般社団法人生命保険協会「高齢者向けの生命保険サービスに関するガイドライン」Ⅱ．１．(1)①ａ．）。

正解　4）

2－21　制限行為能力者・意志無能力者等に係る保険契約の申込みⅠ

《問》制限行為能力者からの契約の申込みに関する次の記述のうち、最も不適切なものはどれか。

1）成年被後見人であるAが、単独で保険契約の申込みをした場合、Aの申込みは取り消すことができる。

2）15歳のBが、親権者（法定代理人）の同意を得ずに保険契約の申込みをした場合、その申込みは取り消すことができる。

3）被補助人であるCが、補助人の同意を得ずに保険契約の申込みをした場合、保険契約の締結が補助人の同意を要する行為とされていない場合でも、その申込みは取り消すことができる。

4）制限行為能力者であることを理由に申込みを取り消した場合、申込みの時点に遡って契約は消滅するため、それまでに支払われた保険料があれば返還される。

・解説と解答・

1）適切である（民法９条本文）。

2）適切である（民法５条２項・１項本文）。

3）不適切である。補助人の同意を要する行為は、民法13条１項所定の行為の一部に限られ、審判により定められる（同法17条１項）。

4）適切である。取消しには遡及効があり（民法121条）、申込みが取り消された場合、申込時点に遡って意思表示が無効となる。

正解　3）

2－22　制限行為能力者・意思無能力者等に係る保険契約の申込みⅡ

《問》生命保険会社の営業職員が行った制限行為能力者に対する保険契約の勧誘・受付に関する次の記述のうち、最も不適切なものはどれか。

1）未成年者から生命保険契約の申込みを受ける際に、未成年者の親権者の同意を得た。

2）15歳である未成年者の父を契約者、その子（未成年者）を被保険者とする死亡保険契約の申込みを受ける際には、子の法定代理人である親権者が子を代理して被保険者同意をすることが原則であるが、念のため、親権者と子の両者から被保険者同意を得た。

3）顧客の成年後見人から、顧客を契約者とする保険契約の申込みがあった際、当該成年後見人に成年後見監督人が付されていたため、成年後見監督人の同意を得た。

4）生命保険契約を勧誘する際、顧客に成年後見人が付されていることが判明したため、当該顧客の成年後見人の代理によってではなく、成年後見人の同意を得ることで生命保険契約を締結した。

・解説と解答・

1）適切である。

2）適切である。生命保険契約の当事者以外の者を被保険者とする死亡保険契約は、当該被保険者の同意がなければ、その効力を生じない（保険法38条）。この被保険者の同意は、自己の生命に関して生命保険契約が締結されることに同意する旨の意思の表明であり、準法律行為の性格を有している。親権者は、未成年者を代理して被保険者同意をすることができると解されているが、実務上は、モラルリスク等の懸念を考慮して、未成年者たる被保険者からも同意を得る取扱いが多い（未成年者に意思能力がある場合）。生命保険協会の「未成年者を被保険者とする生命保険契約の適切な申込・引受に関するガイドライン」によれば、未成年者、特に15歳未満の者を被保険者とする生命保険の契約締結時においては、被保険者本人の同意の取得が困難であるケースも想定されるため、親権者等の法定代理人の同意を取得する（15歳以上の場合には、既婚の場合等を除き、本人および親権者等の法定代理人の同意を取得する）、とされている。

3）適切である。後見人が被後見人に代わって営業もしくは民法13条１項各号に掲げる行為（同項１号に掲げる元本の領収を除く）をするには、後見監督人があるときはその同意を得なければならない（民法864条）。また、保険契約の締結は民法13条１項３号の「不動産その他重要な財産に関する権利の得喪を目的とする行為をすること」に当たりうる。したがって、成年後見監督人がいる場合は、成年後見人単独で保険契約締結の代理行為をすることはできず、成年後見監督人の同意が必要と考えるべきである。

4）不適切である。成年被後見人は、日常生活に関する行為を除き、単独で法律行為をすることができないため、成年後見人に同意権はない（代理権を有する）。

正解　4）

2－23　クーリング・オフⅠ

《問》保険業法で定められているクーリング・オフ制度に関する次の記述のうち、最も適切なものはどれか。

1）保険期間が1年以下である保険契約や、営業・事業のために締結する保険契約についても、契約締結について熟慮する機会を顧客に保証するというクーリング・オフ制度の趣旨は尊重されるべきであるため、クーリング・オフが認められる。

2）銀行が保険商品を窓口販売し、クーリング・オフの適用対象となる場合は、クーリング・オフの申出に係る書面ないし記録媒体に記録された電磁的記録が代理店である銀行に到達した時に、その効力が生じる。

3）申込者等が、保険会社の指定する医師による被保険者の診査をその成立の条件とする保険契約の申込みをした際において、当該診査が終了した場合、当該申込者等は、クーリング・オフによる解除等をすることができない。

4）申込者等が、クーリング・オフの申出を行った時点で、既に保険金の支払事由が生じたことを知っていた場合、当該申込者等は、クーリング・オフによる解除等をすることができない。

•解説と解答•

1）不適切である（保険業法309条1項2号・4号）。保険契約におけるクーリング・オフ制度は、消費者契約である保険契約を対象とし、これに長期間の契約的拘束を受けることから、契約者を保護するためのものと考えられる。

2）不適切である（保険業法309条4項）。クーリング・オフは、クーリング・オフの申出の書面を発した時、記録媒体に記録された電磁的記録を発送した時に効力が発生する。なお、銀行窓販においても、保険契約は保険契約者と保険会社との間の契約であることから、クーリング・オフの書面は、保険会社宛てに発信することを要する。

3）適切である（保険業法施行令45条5号、同法309条1項6号）。

4）不適切である。保険契約のクーリング・オフを申し出た当時、既に保険金の支払事由が発生していた場合は、クーリング・オフの効力は生じないが、この場合でも、申込者が申出の当時、既に保険金の支払事由が発生していたことを知っていた場合はクーリング・オフの効力が発生することになる（保険業法309条９項）。

正解　3）

2－24　クーリング・オフⅡ

《問》４日前にＸ生命保険会社（以下、「Ｘ社」という）に生命保険契約を申し込んだ契約者が保険業法に基づく申込みの撤回等（以下、「クーリング・オフ」という）を考えている場合に関する次の記述のうち、最も不適切なものはどれか。なお、契約者は申込日にクーリング・オフに係る書面を受け取っている。

1）クーリング・オフの要件を満たしたうえで、Ｘ社に対してクーリング・オフを行った場合、Ｘ社は、契約者に対し違約金の請求をすることができない。

2）クーリング・オフの要件を満たしたうえで、Ｘ社に対してクーリング・オフを行った場合、クーリング・オフの効力は、当該書面ないし記録媒体に記録された電磁的記録がＸ社に到達した時点で発生する。

3）契約者が法人であり、当該法人が申込みをした保険契約が、経営者の退職金準備のために締結したものであった場合、当該法人はクーリング・オフを行うことができない。

4）当該契約者が、Ｘ社に対し、あらかじめ日を通知してその営業所を訪問し、訪問した際に自己の訪問が保険契約の申込みをするためのものであることを明らかにしたうえで、当該営業所において保険契約の申込みをしていたときは、クーリング・オフの対象とはならない。

・解説と解答・

1）適切である（保険業法309条１項、５項）。

2）不適切である。クーリング・オフは、当該保険契約のクーリング・オフに係る書面を発した時、記録媒体に記録された電磁的記録を発送した時に、その効力を発する（保険業法309条４項）。

3）適切である。営業もしくは事業のために、または営業もしくは事業として締結する保険契約の申込みをしたときは、クーリング・オフはできない（保険業法309条１項２号）。

4）適切である（保険業法施行令45条１項）。

正解　2）

2－25　契約の締結と取引時確認Ⅰ

《問》犯罪収益移転防止法における取引時確認義務に関する次の記述のうち、最も適切なものはどれか。

1）取引時確認は、対面で行う必要があるので、犯罪収益移転防止法による取引時確認が義務づけられる場合には、インターネットによる募集等、非対面で生命保険の募集を行うことはできない。

2）顧客が代理人を通じて取引する場合には、民法により、代理人の行為の効果は本人に及ぶので、取引時確認は、顧客本人に対して行う必要があり、代理人については必要ない。

3）取引時確認においては、取引を行う目的を確認することとされているが、生命保険への加入については、遺族補償等目的が明確であることから、犯罪収益移転防止法における例外として、取引の目的を確認する必要はないとされている。

4）過去の取引開始時の取引時確認において、確認に係る事項を偽っていた疑いのある顧客と再度取引を行う場合には、改めての取引時確認が必要である。

・解説と解答・

1）不適切である。非対面取引においては、顧客から本人確認書類の原本の送付、ICチップ情報の送信その他を受けるとともに、同書類・情報に記載・記録された顧客の住所宛てに転送不要郵便物として送付することによる本人確認の方法、オンラインで完結する確認方法などがある（犯罪収益移転防止法4条1項、同法施行規則6条1項1号、JAFIC「犯罪収益移転防止法の概要」25頁）。

2）不適切である。顧客と代理人の双方の本人確認が必要になる（犯罪収益移転防止法4条4項、同法施行規則12条）。

3）不適切である。生命保険への加入においても、死亡保障、老後の備え、医療の備えなど各種の目的があり、取引の目的の確認（口頭やチェックリスト等での確認）が必要である。

4）適切である（犯罪収益移転防止法4条3項、4条2項1号ロ、同法施行令13条2項）。

正解　4）

2－26　契約の締結と取引時確認Ⅱ

《問》Ｘ生命保険会社（以下、「Ｘ社」という）における、犯罪収益移転防止法上の疑わしい取引の届出義務および取引時確認義務に関する次の記述のうち、最も不適切なものはどれか。

1）Ｘ社に、多額の現金により保険料の支払を行った保険契約者がおり、当該契約者の属性に照らして不自然に高額な契約であるような場合、その他の状況を総合的に勘案してなんらかの犯罪の存在が疑われるのであれば、具体的にどのような犯罪の収益であるか確信が持てなくても、疑わしい取引として届出を行うべきである。

2）Ｘ社において、顧客と初めて生命保険契約を締結する際に、犯罪収益移転防止法に基づく取引時確認を行った場合、当該顧客が既契約と同種の生命保険契約を再びＸ社に申し込んだときは、同法上は、原則として取引時確認を行わずに取引時確認済みの確認を行うだけで足りる。

3）法人との取引の場合、Ｘ社が行う犯罪収益移転防止法に基づく取引時確認は、当該法人だけではなく、当該法人の代表者や代理人等、実際の取引の任にあたる者も対象となる。

4）Ｘ社に対して犯罪収益移転防止法に基づく疑わしい取引の届出や取引時確認が義務付けられるのは、生命保険契約に関連する取引のみであり、資産運用に関連する取引は対象とされていない。

・解説と解答・

1）適切である。疑わしい取引の届出を行う際には、犯罪であるかの特定までは必要ない。

2）適切である。過去に取引時確認を行っており、その確認記録を残している場合には、顧客が当該記録と同一であることを確認すること（取引時確認済みの確認）で足りる。

3）適切である。顧客が法人である場合には、法人の登記事項証明書の確認等のほか、代表者や代理人など実際の取引の任にあたる自然人の取引時確認が必要になる。

4）不適切である。生命保険に関連する取引だけではなく、資産運用に関連する取引も、保険会社の業務として、犯罪収益移転防止法上の取引時確認義務の対象に含まれる。

正解　4）

2－27 契約の審査・引受Ⅰ

《問》生命保険会社の営業職員が行った生命保険契約の審査・引受等に関する次の記述のうち、最も適切なものはどれか。

1）営業職員は、保険契約者との面接時において、その態度や言葉づかい等から、当該保険契約者がいわゆる反社会的勢力に該当するのではないかと疑ったが、確たる証拠もないことから、会社に報告しないまま生命保険契約を締結した。

2）営業職員は、毎月の支払保険料が30万円になる個人年金保険への加入を希望した顧客に対し、取引時確認を行ったものの、顧客の財産状況までは確認せずに保険契約を締結した。

3）営業職員は、未成年者（12歳）を被保険者とする死亡保険契約の加入の申出を受けた際に、引受保険金限度額に係る社内基準を確認することなく、加入手続を行った。

4）営業職員は、顧客の年齢や職業、収入、他社の生命保険への加入状況を十分に把握・検討し、保険金・給付金の額が妥当であることを確認のうえ、日額5,000円の入院給付特約を勧めた。

•解説と解答•

1）不適切である。反社会的勢力と契約関係に入ることは許されないため、契約関係者が反社会的勢力であるとの疑いを生じたときは、確たる証拠がなくとも会社に報告して判断を仰ぐべきである。

2）不適切である。保険契約は長期の継続を前提とした取引であるから、契約者の職業や財産状況をできるだけ確認して保険料の支払能力を勘案し、継続可能性にも注意を払うべきである。

3）不適切である。保険会社が、人の死亡に関し、一定額の保険金を支払うことを約し、保険料を収受する保険であって、被保険者が15歳未満である者の引受を行う場合には、社内規則等に、死亡保険の不正な利用を防止することにより被保険者を保護するための保険金の限度額その他引受に関する定めを設けなければならないことになっているため（保険業法施行規則53条の7第2項）、営業職員は、その限度額の範囲内にあることを確認するとともに、モラルリスク上の懸念がないか慎重に判断しなければならない。

4）適切である。顧客の収入、職業、年齢、生活の状況、他社の加入状況からみて、保険金・給付金の額が妥当であるか確認することは、第一次選択として重要な責務である。

正解　4）

2－28　契約の審査・引受Ⅱ

《問》X生命保険会社（以下、「X社」という）の営業職員A～Dが行った保険募集に関する次の記述のうち、契約の審査・引受けの適正の観点からみて、最も適切なものはどれか。

1）Aは、保険契約の加入の申出のあった顧客と面談した際、その風貌と言動から当該顧客が反社会的勢力に該当するのではないかと疑いをもったので、確証がないものの、その旨をX社に報告した。

2）Bは、被保険者から自身の高血圧症を告げられたことから、診査医に対し、「被保険者は、普段は正常な血圧なので、検査で血圧が高く出ても正常値の範囲で記載しておいてください」と告げた。

3）Cは、給与所得者（年収約400万円）の妻（無職）から、夫を被保険者とする死亡保険金2億円の生命保険契約の加入の申出を受けた際、当該顧客がそのような高額の死亡保障を必要とする理由等を確認することなく、加入手続を行った。

4）Dは、未成年者（12歳）を被保険者とする死亡保険契約の加入の申出を受けた際に、保険金の引受限度額に係る社内基準を確認することなく、加入手続を行った。

・解説と解答・

1）適切である。反社会的勢力は自らの属性を隠す傾向にあるから、確証がなくとも保険会社に報告して、引受可否の判断材料にしなければならない。

2）不適切である。営業職員のこのような行為は、生命保険会社の審査を妨げるものであるから絶対に行ってはならない。

3）不適切である。顧客属性に照らし高額な保険金額である場合、保険の不正利用の防止により被保険者を保護するため、顧客ニーズの確認等を通じ、適切な引受審査を行わなければならない（監督指針Ⅱ－4－4－1－2(9)②）。

4）不適切である。保険会社が、人の死亡に関し、一定額の保険金を支払うことを約し、保険料を収受する保険であって、被保険者が15歳未満である者の引受を行う場合には、社内規則等に、死亡保険の不正な利用を防止することにより被保険者を保護するための保険金の限度額その他引受けに関する定めを設けなければならず（保険業法施行規則53条の7第2項）、営業職員は、その限度額の範囲内にあることを確認するとともに、モラルリスク上の懸念がないか慎重に判断しなければならない。

正解　1）

2－29　意向確認書面

《問》意向確認書面に関する次の記述のうち、最も不適切なものはどれか。

1）顧客が申込みを行おうとする契約内容のうち、主契約や特約ごとの具体的な保障内容、保険料および保険金額、保障期間、配当の有無など顧客が自らの意向に合致しているかの確認を特に必要とする事項については、意向確認書面に確認のための設問を設ける等の方法により、顧客に対して再確認を促すような工夫をする必要がある。

2）電子メール等の電磁的方法による交付を行う場合は、顧客の了解を得ていることおよび印刷または電磁的方法による保存が可能であることが必要である。

3）顧客が意向確認書面の作成および交付を希望しない場合は、顧客に対して、当該書面の役割を書面等により説明するとともに、事後に顧客が意向確認書面の作成・交付を希望しなかったことを検証できる態勢にする必要がある。

4）顧客が即時の契約締結を求めている場合は、顧客の利便性を考慮し、意向確認書面に記載すべき内容を口頭により確認し、口頭によって確認した旨の記録を保険会社等において保存すればよく、事後に意向確認書面を顧客に交付する必要はない。

・解説と解答・

1）適切である（監督指針Ⅱ－4－2－2(3)④イ．(カ)）。

2）適切である（監督指針Ⅱ－4－2－2(3)④イ．(キ)（注））。

3）適切である（監督指針Ⅱ－4－2－2(3)④イ．(ク)）。

4）不適切である（監督指針Ⅱ－4－2－2(3)④イ．(エ)）。顧客が即時の契約締結を求めている場合や電話による募集の場合など当該書面の即時の交付が困難な場合は、顧客の利便性を考慮し、意向確認書面に記載すべき内容を口頭にて確認することとなるが、その場合でも意向確認書面を事後に遅滞なく交付することが必要である。

正解　4）

2－30　契約内容登録制度・契約内容照会制度Ⅰ

《問》生命保険協会の契約内容登録制度に関する次の記述のうち、最も適切なものはどれか。

1）この制度は、健康状態の不良な契約者を排除することで生命保険会社の経営破綻を防ぐために、登録された情報を、各生命保険会社の生命保険契約の引受の判断の参考に供することを目的としている。

2）資産運用業務も生命保険会社の本来業務であるが、融資における返済能力審査の参考情報として、どれだけの生命保険契約に加入しているかを調べるために、生命保険会社がこの制度を利用することはできない。

3）生命保険を悪用する契約者に、登録されている情報を知らせると制度の目的を果たせないので、契約者は、登録されている情報の内容について照会することはできない。

4）この制度は、生命保険契約の引受時に生命保険会社が利用するものであって、保険金の支払時にこの制度を利用することは、制度の目的の範囲を超えている。

・解説と解答・

生命保険契約照会制度とは異なるので留意すること。

1）不適切である。契約内容登録制度は、生命保険が不当な利益を得るために悪用されることを防ぎ、生命保険制度が健全かつ公平に運営されることを目的としており、生命保険会社の経営破綻を防ぐための制度ではない。

2）適切である。この制度は、生命保険が悪用されることを防ぐことを目的としており、資産運用業務における与信判断のために利用されるものではない。

3）不適切である。登録内容については、契約者または被保険者であれば、生命保険協会または契約申込みを行った生命保険会社に照会することができ、万一、登録内容が事実と相違している場合には、事実確認のうえ訂正を請求することができる。

4）不適切である。生命保険の悪用を防ぐため、引受時と支払時に利用される。

正解　2）

2－31　契約内容登録制度・契約内容照会制度Ⅱ

《問》契約内容登録制度に関する次の記述のうち、最も不適切なものはどれか。

1）各生命保険会社等は、保険契約等の申込みがあった場合、生命保険協会に、保険契約の内容等の所定の登録事項の全部または一部を登録する必要がある。

2）契約内容登録制度における登録事項は、保険契約者および被保険者の氏名、生年月日、性別ならびに住所（市、区、郡まで）、（普通）死亡保険金額および災害死亡保険金額、取扱会社名などである。

3）結果として保険の引受ができなかった場合でも、いったん契約内容登録制度に登録された事項は消去されない。

4）契約内容登録制度に登録されている情報は個人情報に該当するため、当該情報の管理については保険者である各生命保険会社等が責任を負うとともに、生命保険協会も個人情報保護法上の安全管理措置を施す義務を負っている。

・解説と解答・

1）適切である（一般社団法人生命保険協会ホームページ「契約内容登録制度・契約内容照会制度について」）。

2）適切である（一般社団法人生命保険協会ホームページ「契約内容登録制度・契約内容照会制度について」）。

3）不適切である。保険の引受がなされなかった場合、登録された情報は消去される（一般社団法人生命保険協会ホームページ「契約内容登録制度・契約内容照会制度について」）。

4）適切である（一般社団法人生命保険協会ホームページ「契約内容登録制度・契約内容照会制度について」）。

正解　3）

2－32　団体保険取扱いの留意点Ⅰ

《問》Ｘ生命保険会社（以下、「Ｘ社」という）における、契約者をＡ社とする全員加入の団体定期保険の取扱いに関する次の記述のうち、最も適切なものはどれか。なお、この団体定期保険契約は、保険金支払事由が発生した場合は保険金の全額について一括してＡ社が受け取る仕組みとなっているものとする。

1）主契約の死亡保険金について、保険契約者であるＡ社の遺族補償規定に定められた支給金額を超える額を設定した。

2）Ａ社の従業員Ｂが亡くなったので、主契約部分の保険金について、Ａ社がいったん受け取ったうえでその全額を従業員の遺族に支払うという取扱いにつき、Ｂの遺族の了知を確認のうえで、Ａ社に支払った。

3）Ａ社の従業員Ｃが亡くなったが、ヒューマン・ヴァリュー特約分の保険金については、Ａ社の負担すべき諸費用の財源を確保するためのものであるため、保険金受取人や保険金の額等の契約の内容をＣの遺族が了知していることの確認を経ずに、Ａ社に支払った。

4）被保険者となるべき者の同意の取得に際して、保険契約者であるＡ社が被保険者である従業員に契約内容についての説明をしていることを聞いていたため、Ｘ社からは被保険者に対して契約内容を確実に認識しているかを確認しなかった。

・解説と解答・

1）不適切である。本保険の趣旨から、主契約部分は災害・遺族補償規定等に基づく支給金額を上限とすべきである（監督指針Ⅱ－４－２－４⑶②）。

2）適切である。遺族の生活保障という本保険の趣旨から、主契約部分についていったん団体が受け取る場合は、受取人や保険金額等についての遺族の了知を確認すべきである（監督指針Ⅱ－４－２－４⑷②）。

3）不適切である。本保険の趣旨を担保する観点から、ヒューマン・ヴァリュー特約分の保険金に際しても、弔慰金等の受給者の了知を確認のうえ支払うべきである（監督指針Ⅱ－４－２－４⑷③）。

4）不適切である。団体保険の取扱いにおいては、被保険者等の保護および保険会社の業務の健全かつ適切な運営の確保の観点から、被保険者が保険金受取人や保険金の額等の契約の内容を確実に認識できるような措置を講ずるべきである（監督指針Ⅱ－４－２－４⑴②（注））。

正解　2）

2－33　団体保険取扱いの留意点Ⅱ

《問》従業員の全員が被保険者として加入する団体定期保険に関する次の記述のうち、最も不適切なものはどれか。

1）全員加入の団体定期保険は、従業員の福利厚生制度として設けられるものなので、企業の就業規則で制度を規定すれば、加入に関する従業員の同意の確認は行わなくてもよい。
2）ヒューマン・ヴァリュー特約を付すことにより、保険契約者である企業は、従業員が死亡したことによる企業の損失等を補てんするための保険金を受け取ることができるが、この特約を付加するためには、被保険者となる従業員の個別の同意が必要である。
3）全員加入の団体定期保険の保険金額の設定については、ヒューマン・ヴァリュー特約の保険金額が、死亡した従業員の遺族の生活補償のための主契約の保険金額を超えることはない。
4）死亡した従業員が加入に関して同意していた場合であっても、企業が死亡した従業員の遺族に対する弔慰金の財源として保険金を受け取る際には、弔慰金を受け取る遺族の了知が必要である。

・解説と解答・

1）不適切である。全員加入の団体定期保険においても、他人の生命の保険契約に係る被保険者の同意の確認は必要である（保険法38条）。
2）適切である。被保険者の同意を取得し、ヒューマン・ヴァリュー特約を付すことにより、保険契約者である企業は、従業員が死亡したことによる企業の損失等を補てんするための保険金を受け取ることができる。ただし、企業から弔慰金を受け取る遺族の了知が必要である（保険法38条、監督指針Ⅱ－4－2－4(1)②）。
3）適切である。従業員が死亡したことによる企業の損失等を補てんするためのヒューマン・ヴァリュー特約の保険金額は、死亡した従業員の遺族の生活補償のための主契約の保険金額を超えない範囲（2,000万円を上限とする）で設定することとされている（監督指針Ⅱ－4－2－4(3)②）。
4）適切である。保険金が弔慰金として遺族に確実に支払われることを確保するため、企業が受け取る場合、遺族の了知が必要である（監督指針Ⅱ－4－2－4(4)②）。

正解　1）

2－34　公的保険制度と民間保険

《問》公的保険制度と民間保険に関する以下の文章の空欄①、②に入る語句の組合せとして、次のうち最も適切なものはどれか。

ケガや病気などの日常生活におけるさまざまなリスクに備えるための手段である保険には、大きく分けて公的保険と民間保険の2種類がある。国が運営する公的保険は原則として強制加入である一方、保険会社が運営する民間保険は任意加入となる。民間保険は公的保険を補完する面もあることから、公的保険の保障内容を理解したうえで、必要に応じた民間保険に加入することが重要である。

公的保険制度は、大きく公的医療保険（健康保険、高額療養費制度、（　①　）手当金、医療費助成制度など）、労災保険、公的年金、公的介護保険、自立支援医療（（　②　）医療、更生医療、育成医療）、障害福祉サービス、雇用保険がある。

1）①傷病　　②精神通院
2）①傷病　　②入院
3）①児童　　②精神通院
4）①児童　　②入院

・解説と解答・

ケガや病気などの日常生活におけるさまざまなリスクに備えるための手段である保険には、大きく分けて公的保険と民間保険の2種類がある。国が運営する公的保険は原則として強制加入である一方、保険会社が運営する民間保険は任意加入となる。民間保険は公的保険を補完する面もあることから、公的保険の保障内容を理解したうえで、必要に応じた民間保険に加入することが重要である。そのため、保険募集人等は公的年金の受取金額など公的保険制度についての情報提供を適切に行うことが求められる。

公的保険制度は、大きく公的医療保険（健康保険、高額療養費制度、（①傷病）手当金、医療費助成制度など）、労災保険、公的年金、公的介護保険、自立支援医療（（②精神通院）医療、更生医療、育成医療）、障害福祉サービス、雇用保険がある。

正解　1）

第3章

契約の保全、保険金の支払

3－1　保険関係人等からの契約内容の照会と回答Ⅰ

《問》X生命保険会社のY支社において、保険契約者やその家族に対して契約内容について回答する場合等に関する次の記述のうち、最も不適切なものはどれか。なお、X生命保険会社は、保険契約者が事前登録した家族に対し、契約内容等の照会に応じる等のサービスを提供する制度は導入していない。

1）保険契約者Aから電話で契約内容についての照会があったので、A本人であることを確認するために、生年月日や住所などの事項を確認したうえで、契約内容について回答した。

2）保険契約者Bの家族が、Y支社にBからの契約内容照会および回答を受けることについての委任状を持参して契約内容について照会をしてきたので、Bの携帯電話に電話をかけて直接Bの意思を確認したうえで、Bの家族に対して契約内容について回答した。

3）保険金の請求手続に関して保険金受取人Cの自宅に電話で連絡したところ、留守番電話の応答があったので、Cに早く用件を知らせるために、「保険金の請求手続について確認したいことがあるので至急連絡を取りたい」旨を留守番電話に録音した。

4）保険契約者Dの家族から、「Dが契約している保険の内容を知りたい」という照会があったが、Dの意思が確認できない以上は契約内容について回答することができないのはもちろんのこと、契約の有無についても当然には回答することができないので、慎重に応対した。

・解説と解答・

1）適切である。電話による照会の場合、生年月日や住所等の本人確認事項を確認し本人からの照会であることを確かめたうえで回答することが大切である。

2）適切である。契約者の家族からの照会であっても、委任状および契約者本人に直接連絡するなどによって保険契約者本人の意思を確認する必要がある。

3）不適切である。保険金受取人が家族に対して保険金の存在を告げていない可能性がある以上、自宅の留守番電話に用件を録音することは避けなければならない。

4）適切である。保険契約者が家族に対して保険契約加入の事実を告げていない可能性がある以上、契約の有無の回答についても留意しなければならない。

正解　3）

3－2　保険関係人等からの契約内容の照会と回答Ⅱ

《問》X生命保険会社（以下、「X社」という）は、生命保険の保険契約者以外の者から保険契約に関連する情報について照会を受けた。この場合のX社の対応に関する次の記述のうち、最も不適切なものはどれか。なお、X社は、保険契約者が事前登録した家族に対し、契約内容等の照会に応じる等のサービスを提供する制度は導入していない。

1）保険契約者（＝被保険者）の家族から、保険契約内容についての照会を受けた。その家族は、保険契約者に係る保険契約内容の照会と回答の受領についての保険契約者名義の委任状を持参していたので、X社は、電話で保険契約者の意思を直接確認したうえで、その家族に対して回答をした。

2）保険契約者（＝被保険者）の破産管財人に選任された弁護士から、財産状況の調査のためという理由で、保険契約者の保険契約の解約返戻金額についての照会を受けた。X社は、照会した弁護士が破産管財人であることが確認できたので、保険契約者の承諾を得ることなく、当該弁護士に対して回答をした。

3）保険契約者（＝被保険者）の妻から、保険契約者の保険契約の有無と保険契約がある場合の保険契約の内容についての照会を受けた。X社は、保険契約者と電話連絡がつかず、意思が確認できなかったので、保険契約の内容だけではなく、保険契約の有無についても、妻に対して回答をしなかった。

4）保険契約者の妻（＝被保険者）から、保険種類と保険金額についての照会を受けた。X社は、保険契約者の妻であることは確認できたものの、保険契約者と電話連絡がつかず、意思が確認できなかったので、妻に対して回答をしなかった。

・解説と解答・

1）適切である。

2）適切である。破産者の財産状況の調査は、破産管財人の職務に属するから（破産法78条1項、153条）、破産者の同意を得ずに情報を開示することができる。

3）適切である。

4）不適切である。被保険者は保険契約の契約当事者ではないが（保険法２条４号参照）、被保険者の同意がなければ保険契約は効力を生じないことから（保険法38条）、保険契約の内容（本問においては保険種類・保険金額）は被保険者自身の情報であるということができ、被保険者への開示は第三者への開示には当たらない。

正解　4）

3－3　公的な機関等からの契約内容の照会と回答義務・範囲Ⅰ

《問》Ｘ生命保険会社（以下、「Ｘ社」という）は、公的機関等から保険契約に関連する情報について照会を受けた。この場合のＸ社の対応として、次のうち最も不適切なものはどれか。

1）Ｘ社は、弁護士会から、民事訴訟の準備のためとして、保険契約者の保険契約の内容について、弁護士法23条の２に基づく照会を受けた。Ｘ社は、照会の理由を吟味し、照会の必要性と相当性とが認められ、民事事件の解決には当該保険契約者の保険契約の内容の開示が必要であると判断し、照会に応じた。

2）Ｘ社は、国税局の職員から、強制調査対象の保険契約者にかかる契約の有無とその内容の開示を求められた。Ｘ社は、国税職員の身分証明書と裁判所の許可状の提示を求めたうえで、調査に協力した。

3）Ｘ社は、裁判所から文書送付嘱託書の送達を受け、被保険者の告知書の提出を求められた。Ｘ社は、これに応じることは、個人情報保護法における第三者提供の制限には抵触しないと判断し、告知書を裁判所に送付した。

4）Ｘ社は、捜査当局から、詐欺被疑事件の捜査のためとして、捜査関係事項照会書により保険契約者の保険料振替口座の開示を求められた。Ｘ社は、捜査の性格上、当該保険契約者の承諾を得られないことを理由に、開示を拒否した。

・解説と解答・

1）適切である。弁護士法23条の２による照会（弁護士会照会）は、法令に基づくものであるので、個人情報の第三者提供の制限の適用除外となるが（個人情報保護法27条１項１号）、照会に応じるかどうかは、照会の必要性や相当性等を吟味して判断する必要がある。

2）適切である。税務調査のうち強制調査についてはこれに応じる義務を負う一方で、税務職員になりすました者に情報を開示することがないよう、調査が正当なものであるかどうかを確認する必要がある。調査が正当なものであることを確認するために、税務職員の身分証明書や裁判所が発令した許可状等を確認すべきである。

3）適切である。裁判所からの文書送付嘱託や調査嘱託への回答は任意のものであるが、法令に基づくものであるので、個人情報の第三者提供の制限の適用除外となる（個人情報保護法27条1項1号）。また、その必要性は裁判所が慎重に判断していることから、極力協力すべきである。

4）不適切である。捜査の性格上、被疑者となる保険契約者の承諾を得ることは事実上不可能であるが、保険契約者が捜査対象になっている限り守秘義務違反に問われる可能性はきわめて低いことから、捜査関係事項照会には極力協力すべきである。また、捜査関係事項照会は、法令（刑事訴訟法197条2項）に基づくものであり、個人情報の第三者提供の制限の適用除外となる（個人情報保護法27条1項1号）。

正解　4）

3－4　公的な機関等からの契約内容の照会と回答義務・範囲Ⅱ

《問》X生命保険会社（以下、「X社」という）が、国税通則法上の質問検査権に基づき税務当局から保険契約者Aについての所得税に係る任意調査を受けた場合に関する次の記述のうち、最も適切なものはどれか。

1）質問検査権に基づく任意調査の場合、強制調査とは異なるので、X社は、理由のいかんを問わず、それを拒否することができる。
2）質問検査権に基づく任意調査に際して虚偽の答弁をした場合、当該行為者のみならず、X社に対しても刑事罰が科される可能性がある。
3）質問検査権に基づく任意調査に際して、調査対象であるA以外の保険契約者についての情報を開示した場合であっても、守秘義務違反に問われることはない。
4）質問検査権に基づく任意調査の場合であっても、X社の意思に反して、強制的に帳簿書類等の捜索・押収等を受けることがありうる。

・解説と解答・

1）不適切である。国税庁等の職員は、所得税等に関する調査において必要があるときは、事業に関する帳簿書類その他の物件を検査し、または当該物件の提示もしくは提出を求めることができる（国税通則法74条の2）。この任意調査は、強制調査とは異なるが、不答弁・虚偽答弁・調査妨害、物件の提示・提出要求に対する正当理由のない拒否等については罰則規定があることから（同法128条2号、3号）、X社は正当な事由がない限り受忍義務を負い、また、適法な任意調査に対する開示等であれば、保険契約者等本人の同意がなくても、個人情報保護法上も問題はない。
2）適切である（国税通則法128条2号、130条1項）。
3）不適切である。個人情報保護法において、税務調査（任意調査）に応じることは「法令に基づく場合」あるいは「国の機関、地方公共団体等が法令の定める事務を遂行することに対して協力する必要がある場合」に当たる（個人情報保護法27条1項1号、4号、個人情報保護委員会「個人情報の保護に関する法律についてのガイドライン（通則編）」3－6－1、3－1－5）とされているが、調査対象外の事項について開示等した場合は違法とされる可能性がある。

4）不適切である。国税通則法上の質問検査権に基づく任意調査については、税務当局の職員の権限は犯罪捜査のために認められたものと解してはならないとされており（国税通則法74条の８）、強制的な捜索・押収等を行うことはできない。なお、調査について必要があるときは、調査において提出された物件を留め置くことはできるとされている（同法74条の７）。

正解　2）

3－5　個人情報等の適正な取得と利用Ⅰ

《問》X生命保険会社（以下、「X社」という）が保険募集業務を委託しているA代理店における顧客情報の取扱いに関する次の記述のうち、個人情報保護法に照らして、最も不適切なものはどれか。なお、A代理店は、介護器具の販売を固有の業務としており、個人情報の利用目的として、①介護器具の案内、販売、②X社の保険商品の募集を公表している。

1）A代理店が、電話帳（ハローページ等）に記載されている情報を利用して、X社の保険商品のパンフレット（A代理店作成のもの）を顧客に送付しても、個人情報保護法に抵触しない。

2）A代理店が、介護器具を販売した顧客のリストを利用して、X社の保険商品のパンフレット（A代理店作成のもの）を顧客に送付しても、個人情報保護法に抵触しない。

3）A代理店が、X社の保険商品について問合せをしてきた顧客の情報を利用して、当該顧客に介護器具の案内をしても、個人情報保護法に抵触しない。

4）A代理店が、X社から提供を受けた保険契約者の情報を利用して、当該保険契約者に介護器具の案内をしても、個人情報保護法に抵触しない。

・解説と解答・

1）適切である。公開された情報については、A代理店が公表した目的の範囲内であれば、これを利用しても個人情報保護法18条1項に抵触しない。

2）適切である。介護器具を販売した顧客のリストは、A代理店の固有の情報であり、A代理店が公表した目的の範囲内であれば、これを利用しても個人情報保護法18条1項に抵触しない。

3）適切である。X社の保険商品について問合せをしてきた顧客の情報は、A代理店の固有の情報であり、A代理店が公表した目的の範囲内であれば、これを利用しても個人情報保護法18条1項に抵触しない。

4）不適切である。X社から提供を受けた保険契約者の情報はX社の情報であり、X社の利用目的の範囲内でしか利用できない。したがって、A代理店がその固有の業務である介護器具の案内に利用することは個人情報保護法

18条１項に抵触する。

正解　4）

3－6　個人情報等の適正な取得と利用Ⅱ

《問》X生命保険会社（以下、「X社」という）が保有している個人データの第三者への提供等に関する次の記述のうち、最も不適切なものはどれか。

1）X社が、既存の保険契約者に新しい生命保険商品の案内を送付するにあたって、その発送を委託した業者に保険契約者の住所・氏名等の個人データを提供する場合は、第三者提供に当たらず、当該個人データに係る本人の同意を取得する必要はない。

2）X社が、個人データを業務提携会社等の特定の者との間で共同して利用する場合で、当該共同利用につき法定の要件を満たしているときは、第三者提供に当たらず、当該個人データに係る本人の同意を取得する必要はない。

3）X社が、刑事訴訟法に基づく捜査関係事項照会に応じる場合は、あらかじめ当該個人データに係る本人の同意を得ないで、その個人データを提供することができる。

4）X社が、弁護士法第23条の2に基づく照会に応じる場合は、あらかじめ当該個人データに係る本人の同意を得ないで、その個人データを提供することができない。

・解説と解答・

1）適切である（個人情報保護法27条5項1号）。

2）適切である（個人情報保護法27条5項3号）。

3）適切である。「法令に基づく場合」にあたり、あらかじめ本人の同意を得ないで個人データを提供することができる（個人情報保護法27条1項1号、個人情報保護委員会「個人情報の保護に関する法律についてのガイドライン（通則編）」3－6－1、3－1－5）。

4）不適切である。弁護士法23条の2に基づく照会に応じる場合については、「法令に基づく場合」として、あらかじめ本人の同意を得ないで個人データを提供しても個人情報保護法上問題ない（個人情報保護法27条1項1号、個人情報保護委員会「個人情報の保護に関する法律についてのガイドライン（通則編）」3－6－1、3－1－5）。

正解　4）

3－7　個人情報等の適正な取得と利用Ⅲ

《問》顧客情報管理の外部委託を検討している生命保険会社の対応に関する次の記述のうち、最も不適切なものはどれか。

1）委託先選定の際、過去に委託先で漏えい事案等が発生していた場合、事後に適切な措置が講じられていても、当該委託先は選定すべきではない。

2）委託先が顧客情報管理を外部に再委託する場合、生命保険会社は再委託における条件等についても委託契約に盛り込み、再委託の内容等も把握することが妥当である。

3）生命保険会社は、委託契約において、委託者の監督・監査・報告徴収に関する権限を盛り込まなければならない。

4）委託先選定の際、情報が漏えいした場合の委託先の損害賠償責任額の上限を定めるよう要求する委託先がある場合、当該委託先の信頼性、委託するデータの種類、データが漏えいした場合のリスク等を総合的に判断して問題がなければ、当該委託先と委託契約を締結してもさしつかえない。

・解説と解答・

1）不適切である。過去に漏えい事故があった委託先であっても、事後に適切な措置がなされていれば、それらを一律に排除するものではないとされている（生命保険協会「生命保険業における個人情報保護のための安全管理措置等についての実務指針（生保安全管理実務指針）」16頁）

2）適切である。生命保険会社等は、「再委託における条件」として、再委託の可否および再委託を行うに当たっての委託元への文書による事前報告または承認手続等を、委託契約に盛り込むことが望ましいとされている（生命保険協会「生命保険業における個人情報保護のための安全管理措置等についての実務指針（生保安全管理実務指針）」17頁）。

3）適切である。委託契約に生命保険会社の監査権を盛り込み、委託先の管理状況を監査・監督すべきである（生命保険協会「生命保険業における個人情報保護のための安全管理措置等についての実務指針（生保安全管理実務指針）」17頁）。

4）適切である。委託契約には委託先の損害賠償責任に関する条項を盛り込むべきであるが、賠償額の上限を求められることがある。その場合は、委託先の信頼性、委託するデータの種類、データが漏えいした場合のリスク等を総合的に判断すべきであり、上限を設けるということのみをもって委託の是非が決まるわけではない。

正解　1）

３－８　個人情報等の適正な取得と利用Ⅳ

《問》Ｘ生命保険会社（以下、「Ｘ社」という）の営業職員が行った勧誘行為に関する次の記述のうち、個人情報の適正な取得の観点からみて、最も適切なものはどれか。

1）第三者が不正に取得した別人（当該第三者でない者）の個人情報を、不正に取得されたものであることを知りながら当該第三者から取得し、当該個人情報を使用して保険商品の勧誘を行った。

2）保険契約者の自宅を訪問したところ、保険契約者および妻は不在であったが、子（15歳）が在宅していたので、その子から、保険契約者の妻の個人情報を聞き出し、後日、当該個人情報をもとに保険契約者の妻に対して保険商品の勧誘を行った。

3）実際には賞品のプレゼントは行っていないにもかかわらず、アンケートに回答すると抽選でプレゼントが当たると説明して、顧客にアンケートの記入をさせて個人情報を取得し、当該個人情報をもとに当該顧客に対して保険商品の勧誘を行った。

4）保険加入を検討しているという顧客と面談し、特に利用目的を明示しなかったものの、今後連絡を取り合うために名刺交換をしたので、当該個人情報をもとに当該顧客に電話連絡して、保険商品の勧誘のための面談を申し込んだ。

・解説と解答・

1）不適切である。偽りその他不正の手段による取得に当たる（個人情報保護法20条１項）。

2）不適切である。偽りその他不正の手段による取得に当たる（個人情報保護法20条１項）。

3）不適切である。偽りその他不正の手段による取得に当たる（個人情報保護法20条１項）。

4）適切である。今後の連絡や、所属する会社の広告宣伝のための冊子や電子メールを送付するために名刺交換をした場合については、取得の状況からみて利用目的が明らかであると認められる場合に該当することから（個人情報保護法21条４項４号、個人情報保護委員会「個人情報の保護に関する法律についてのガイドライン（通則編）」３－３－５(4))、名刺交換による個人情報の取得に際して利用目的の明示は不要であり、また、選択肢の場合は、偽りその他不正の手段による取得にも当たらない（個人情報保護法20条１項）。

正解　4）

3－9　保険金受取人の変更Ⅰ

《問》保険金受取人の変更に関する次の記述のうち、最も適切なものはどれか。

1）保険契約者Ａが支社に来店し、離婚を理由に、死亡保険金受取人を元妻Ｂから母Ｃへ変更したい旨の申出を受けた。死亡保険金請求権は、死亡保険金受取人に指定された時点で確定するため、受取人の変更を行うには、契約者であるＡだけでなく、現在の受取人であるＢの意思も確認する必要がある。

2）保険契約者Ａの妻Ｂが支社に来店し、Ａとの結婚を理由に、Ａの契約に係る死亡保険金受取人をＡの母Ｃから自分に変更したい旨の申出を受けた。ＢはＡの委任状を持参していなかったため、支社の担当者Ｄは、Ａの意思確認を行ったうえで、変更の手続を行った。

3）保険契約者Ａの妻Ｂが支社に来店し、Ａとの結婚を理由に、Ａの契約に係る死亡保険金受取人をＡの母Ｃから自分に変更したい旨の申出を受けた。支社の担当者Ｄは、ＢがＡから代理権を授与されているか否かを確認することなく、変更の手続を行った。

4）保険契約者Ａの妻Ｂが支社に来店し、死亡保険金受取人を前妻Ｅから自分に変更したい旨の申出を受けた。Ｂは、来店にあたり、変更に必要な書類だけでなく、Ａの委任状も持参していた。支社の担当者Ｄは、Ａが入院しており、物事を判断し、意思表示をすることが困難であることを知っていたにもかかわらず、委任状があることから、変更の手続を行った。

・解説と解答・

1）不適切である。死亡保険金請求権は、死亡保険金受取人に指定された時点で確定するものではないため、現在の受取人の同意を取り付ける必要はない。

2）適切である。手続を行う者が契約者でない場合、契約者の意思を確認する必要がある。

3）不適切である。代理権を有しない者が行った行為は、本人に効果が帰属しない。

4）不適切である。Ａの委任状が存在するだけでＡの意思表示がなされていると判断することは早計である。契約者に通知して、必ず受取人変更の意思を確認すべきである。

正解　2）

３－10　保険金受取人の変更Ⅱ

《問》Ｘ生命保険会社（以下、「Ｘ社」という）のＹ支社に、死亡保険契約の保険金受取人の変更をしたいという申出があった。当該死亡保険契約は、保険契約者（＝保険料負担者）がＡ、被保険者がＡの母Ｂ、保険金受取人がＡの子Ｃという契約であったが、その保険金受取人をＣからＡの妻Ｄに変更したいとの申出である。この場合に関する次の記述のうち、最も不適切なものはどれか。

１）Ａの妻Ｄが、Ａの委任状を持参して、「保険金受取人をＣから自分（Ｄ）に変更したい」との申出を行った場合、Ｘ社は、ＤがＡの妻であることを確認できたとしても、委任状の内容およびＡの意思を十分に確認したうえで、Ｄの申出に応じる必要がある。

２）Ａが自らの意思に基づき、ＣからＤへの保険金受取人の変更を行う場合、被保険者Ｂの同意がなければ、受取人変更の効力は生じない。

３）Ａが自らの意思に基づき、ＣからＤへの保険金受取人の変更を行う場合、従前の受取人であるＣの同意、および変更後の受取人であるＤの同意を得る必要はない。

４）Ａが、書面を郵送する方法により、自らの意思に基づきＣからＤへの保険金受取人の変更を行う場合、Ｘ社所定の「受取人変更請求書」がＸ社に到達したときは、その到達の時に保険金受取人の変更の効力が生ずる。

・解説と解答・

１）適切である。なお、「夫婦の一方が日常の家事に関して第三者と法律行為をしたときは、他の一方は、これによって生じた債務について、連帯してその責任を負う」との民法の規定（民法761条。いわゆる日常家事代理権）は、保険金受取人の変更には当然には適用がないと解釈されることから、委任状の内容および本人の意思につき十分に確認する必要がある。

２）適切である（保険法45条）。

３）適切である。保険金受取人の変更について、保険金受取人の同意は必要とされていない。

４）不適切である。保険金受取人の変更の意思表示（通知）が保険会社に到達した場合は、当該通知を発した時に遡ってその効力を生ずる（保険法43条3項)。

正解　4）

３－11　契約者の家族からの解約請求Ⅰ

《問》Ｘ生命保険会社の支社に、顧客Ａ（個人年金保険の保険契約者・被保険者）の妻Ｂが来訪し、「Ａは重度の認知症で入院しており、保険料をこれ以上支払えないので保険を解約したい」旨の申出があった。これに対する支社の職員Ｙの次の対応のうち、最も適切なものはどれか。なお、当該保険契約は認知症を保険金支払事由、保険料払込免除事由とするものではなく、被保険者の入院中に保険を解約することについての妥当性については考慮しないものとする。

１）Ｙは、ＢがＡの妻であることから、保険契約の解約について当然に代理権を有すると考え、解約手続を行い、解約返戻金をＢに支払った。

２）Ｙは、Ｂに対して、Ａの委任状があれば、問題なく解約手続を行うことができると案内した。

３）ＢがＡの指定代理請求人に指定されていたため、ＹはＢからの申出による解約が有効に行えると考え、解約手続を行い、解約返戻金をＢに支払った。

４）登記事項証明書により、ＢがＡの成年後見人に選任されており、成年後見監督人がいないことが確認できたため、ＹはＢからの申出による解約が有効に行えると考え、解約手続を行い、解約返戻金をＢに支払った。

・解説と解答・

１）不適切である。夫婦は日常家事に関しては相互に代理する権限を有しているとされるが（民法761条）、保険契約の解約は日常家事に関する行為には該当しない。

２）不適切である。Ａは重度の認知症で入院しており、有効な代理権授与ができない可能性が高い。

３）不適切である。一般に、指定代理請求人は、保険給付について被保険者を代理する者であり、保険契約の解約について保険契約者を代理する者ではない。

４）適切である。なお、成年後見監督人が選任されていた場合には注意を要する（民法864条）。

正解　４）

3－12　契約者の家族からの解約請求Ⅱ

《問》Aを保険契約者（＝保険料負担者）・死亡保険金受取人、妻Bを被保険者とする生命保険契約について、AとBが離婚した場合に関する次の記述のうち、最も適切なものはどれか。

1）Bは、生命保険契約締結の際に被保険者として与えた同意を撤回し、生命保険契約を消滅させることができる。

2）Bは、生命保険会社に対して、生命保険契約の解除を請求することができる。

3）Bは、生命保険契約の解除については、なんら権限を有することはない。

4）Bは、Aに対して、生命保険契約を解除するよう請求することができる。

・解説と解答・

保険法は、生命保険（死亡保険）契約締結後に一定の事由が生じた場合には、被保険者が保険契約者に対して生命保険契約を解除することを請求できる旨定めている（保険法58条）。解除を請求することができる場合として、「保険契約者と被保険者との間の親族関係の終了その他の事情により、被保険者が第38条の同意をするに当たって基礎とした事情が著しく変更した場合」（保険法58条1項3号）等を挙げている。

1）不適切である。被保険者は、一定の場合に保険契約者に対して解除するよう請求することができるが、同意を撤回して生命保険契約を消滅させることはできない。

2）不適切である。被保険者は、保険契約者に対して解除するよう請求できるが、生命保険会社に解除を直接請求することはできない。

3）不適切である。上記解説のとおり。

4）適切である。

正解　4）

３－13　告知義務違反による解除Ⅰ

《問》保険契約者・被保険者Ａは、Ｘ生命保険会社（以下、「Ｘ社」という）との保険契約締結時に告知をする際において、Ｘ社からのＡの健康状態等についての質問に対し、告知すべき既往症があるにもかかわらず、これを告知しなかった。このＡの不告知は、告知義務違反に該当するが、Ｘ社の保険約款では、「保険契約が、責任開始の日から２年を超えて有効に継続した場合には、告知義務違反を理由として保険契約を解除することができない」旨が定められている。この保険契約に関する次の記述のうち、最も不適切なものはどれか。

1）告知義務違反により保険契約が解除された場合、保険契約は遡って無効となるため、既に払い込んだ保険料の全額が保険契約者に返金される。

2）Ａの不告知が、Ｘ社の営業職員Ｙによる不告知の勧めが原因である場合、Ｘ社は、解除権を行使することができない可能性がある。

3）Ａが、既往症と因果関係のない交通事故で死亡し、その後、Ａの告知義務違反が判明した場合、Ｘ社は、死亡保険金受取人に対し死亡保険金を支払う必要がある。

4）Ｘ社が、客観的な資料に基づいてＡの故意または重過失による告知義務違反の事実を知った後、Ｘ社内の事務疎漏のため、Ａとの保険契約が解除されることなく半年間が経過した。この場合、契約日から２年以内であっても、Ｘ社は、当該保険契約を解除することはできない。

・解説と解答・

1）不適切である。保険契約の解除は将来に向かって効力を生じるため（保険法59条１項等）、告知義務違反により解除された場合も、既払込保険料を返金する義務を負わない。この場合、返戻金が返金される。

2）適切である。Ｙが告知しないことを勧めたために、告知がされなかった場合、原則として解除権を行使することはできない（保険法55条２項３号）。

3）適切である。保険事故に告知義務違反に係る事実との因果関係がない場合、保険金等は支払われる（保険法59条２項１号ただし書）。

4）適切である。告知義務違反の事実を知った時から１カ月以内に解除権を行使しない場合、解除権は消滅する（保険法55条４項前段）。

正解　1）

3－14　告知義務違反による解除Ⅱ

《問》契約者（＝被保険者）が告知義務違反等を行った場合の生命保険会社の対処方法に関する次の記述のうち、最も不適切なものはどれか。

1）告知義務違反による生命保険契約の解除については、解除の原因を知らないときでも、保険法では契約締結から5年を経過したときは、解除権は消滅する。

2）加入時に、被保険者とは別人に診査を受けさせる替玉診査を行う等、契約者の行為が悪質な場合は、詐欺を理由とする生命保険契約の取消しができる。

3）告知義務違反による生命保険契約の解除および詐欺を理由とした生命保険契約の取消しは、いずれも、解除・取消しの原因を知ってから1カ月以内に行う必要がある。

4）告知義務違反による生命保険契約の解除を行った場合、生命保険会社は、既払込保険料を返金する義務は負わないが、返戻金は支払うことになる。

・解説と解答・

1）適切である。保険法では5年で解除権が消滅すると定められている（同法55条4項後段）。

2）適切である。保険契約の締結についても、詐欺を理由として取り消すことができる（民法96条1項）。

3）不適切である。告知義務違反による解除を行う場合には、解除の原因があることを知ってから1カ月以内に行う必要があるが（保険法55条4項前段）、詐欺による取消しの場合には、「取消権は、追認をすることができる時から5年間行使しないときは、時効によって消滅する。行為の時から20年を経過したときも、同様とする」とされる（民法126条）。

4）適切である。保険契約の解除は将来に向かって効力を生じるため（保険法59条1項等）、告知義務違反により解除した場合、保険会社は、既払込保険料を返金する義務は負わないが、返戻金は支払うことになる。

正解　3）

3－15　重大事由による解除Ⅰ

《問》X生命保険会社（以下、「X社」という）の生命保険にα年4月に加入したA（保険契約者・被保険者）が、3年後のα＋3年4月に暴力団員であることが判明した。X社の調査では、Aがそれより前に暴力団員であったという事実は確認できなかったが、X社は、生命保険約款の暴力団排除条項に基づき、速やかにAの生命保険契約を解除した。この場合に関する次の記述のうち、最も適切なものはどれか。なお、X社においては、一般社団法人生命保険協会が保険約款規定例として公表している暴力団排除条項と同一の規定をAの契約を含むすべての生命保険約款に定めており、同規定の内容は顧客に十分に周知されているものとする。

1）X社は、Aの生命保険契約加入時であるα年4月に遡って、当該契約を解除することができる。

2）X社は、Aが暴力団員に該当した時以降、Aの生命保険契約の解除前に、当該契約に係る保険金支払事由が生じていた場合には、当該契約を解除することができない。

3）仮に、Aは反社会的勢力に該当しないが、Aの生命保険契約の保険金受取人が暴力団員であることが判明したという場合、X社は、当該契約を解除することができない。

4）X社は、保険契約者であるAに対して、解除に係る生命保険契約の解約返戻金と同額の返戻金を支払うこととなる。

・解説と解答・

1）不適切である。暴力団排除条項（一般社団法人生命保険協会「反社会的勢力への対応に関する保険約款の規定例」1項4号）は、保険法に規定されている「重大事由による解除」（保険法57条3号）の一事由を明示するものとして定められており、重大事由がある場合には、生命保険契約を将来に向かって解除することができるとされている（一般社団法人生命保険協会「反社会的勢力への対応に関する保険約款の規定例」1項、保険法59条1項参照）。

2）不適切である。重大事由の発生時以後、生命保険契約の解除前に、保険金支払事由が生じていた場合であっても、当該生命保険契約を解除することができる（一般社団法人生命保険協会「反社会的勢力への対応に関する保険約款の規定例」2項1号）。なお、この場合、重大事由の発生時以後に生じた支払事由による保険金は支払わないものとされ、また、既に当該支払事由により保険金を支払っているときは返還を請求するものとされている（一般社団法人生命保険協会「反社会的勢力への対応に関する保険約款の規定例」2項1号）。

3）不適切である。暴力団排除条項では、「保険契約者、被保険者または保険金の受取人が、次のいずれかに該当するとき」と定めており（一般社団法人生命保険協会「反社会的勢力への対応に関する保険約款の規定例」1項4号）、設問の場合も、当該生命保険契約を解除することができる。

4）適切である。重大事由による契約解除をした場合には、解約返戻金と同額の返戻金を保険契約者に支払うことになる（一般社団法人生命保険協会「反社会的勢力への対応に関する保険約款の規定例」3項）。この支払は、反社会的勢力との関係解消を目的に、契約に基づき払い込まれた保険料を返還するものであり、反社会的勢力に対する利益供与の禁止の観点で問題となるものではない。

正解　4）

3－16　重大事由による解除Ⅱ

《問》重大事由による保険契約の解除に関する次の記述のうち、最も適切なものはどれか。

1）死亡保険金受取人は、保険金目当てに被保険者を殺害しようとしたが、被保険者を殺害するには至らずに殺人未遂として刑に処せられた。この場合、死亡保険金受取人の行為は未遂であることから、当該保険契約は重大事由による解除の対象とはならない。

2）保険契約の責任開始日から７年後に、保険金受取人が保険金の請求について詐欺を行った。この場合、責任開始日から５年を経過していることから、重大事由による解除の対象とはならない。

3）重大事由による解除は、保険会社が解除の通知を発した時に、その効力が生じるとされている。

4）保険契約者が、保険金を詐取する目的または他人に詐取させる目的で事故招致をした場合は、当該事故招致が未遂のときであっても、重大事由による解除の対象となる。

・解説と解答・

1）不適切である。死亡保険金受取人が被保険者を死亡させようとした場合も重大事由による解除の対象となりうる（保険法57条１号）。

2）不適切である。告知義務違反による解除と異なり、重大事由による解除については除斥期間等について特別な規定はない。

3）不適切である。重大事由による解除も、解除である以上、相手方への意思表示の到達により、その効力が生じる（民法97条１項）。

4）適切である（保険法57条２号）。

正解　4）

3－17　保険契約に係る請求権の差押えⅠ

《問》保険契約者Aが税金を滞納していることを理由に、Aが保険契約（被保険者A、死亡保険金受取人B）に基づき有する解約返戻金請求権を差し押さえる旨の差押通知書がX生命保険会社（以下、「X社」という）に送達された。この場合におけるX社の対応に関する次の記述のうち、最も適切なものはどれか。

1）差押通知書送達後、保険契約者Aから契約者貸付の申出を受けたため、X社は、Aに対し契約者貸付を行った。

2）差押通知書送達後、保険契約者Aから死亡保険金受取人をBからCへ変更したいとの申出を受けたが、X社は、差押えを理由として当該申出に応じなかった。

3）差押通知書送達後、差押債権者である市町村から解約請求がなされ、当該請求がX社に到達した。X社は、到達の翌日に解約の手続を行い、同日中に解約返戻金を当該市町村に支払った。

4）差押通知書送達後、差押債権者である市町村が解約請求をする前に保険契約者Aが死亡したため、X社は、Bに死亡保険金を支払った。

・解説と解答・

1）不適切である。差押えは、滞納者の特定財産（本件では解約返戻金請求権）の法律上または事実上の処分を禁止する効力を有する（国税徴収法47条、62条2項、国税徴収法基本通達47条関係51、地方税法739条の5第1項、68条6項等）。そして、契約者貸付は解約返戻金を原資としているため解約と同様に応じることはできない。

2）不適切である。死亡保険金受取人の変更は差押え後も可能である。

3）不適切である。生命保険契約者の債権者が生命保険契約の解約返戻金請求権を差し押さえた場合、債権者は取立権限に基づき生命保険契約を解約できる（国税徴収法67条1項、最一小判平11.9.9、民集53巻7号1173頁）。そして差押債権者による契約の解除は、通知が会社に到達してから1カ月を経過した日に効力が生じる（保険法60条1項）。

4）適切である。Bの死亡保険金請求権は差押えの対象となっていない。

正解　4）

3－18　保険契約に係る請求権の差押えⅡ

《問》裁判所からX生命保険会社（以下、「X社」という）に、Aを保険契約者とする定期保険特約付終身保険の解約返戻金請求権の仮差押命令が届いた。その後、同じ債権者を差押債権者として、仮差押えされた解約返戻金請求権の差押命令が届いた場合に関する次の記述のうち、最も適切なものはどれか。

1）仮差押命令が届いた段階において、Aが当該生命保険契約の解約を申し出た場合、X社は解約に応じて解約返戻金をAに支払ってもよい。

2）仮差押えをした債権者は、仮差押えの段階で取立権に基づき仮差押えの対象とした生命保険契約を解約して、解約返戻金を受け取ることができる。

3）差押え後に対象となった生命保険契約を解約する旨の通知が行われた場合、解約の効果は、通知がX社に届いた際に生じる。

4）Aの妻が死亡保険金受取人である場合、Aの妻は生命保険契約存続のための介入権を仮差押手続との関係では行使できないが、差押え後に差押債権者が当該生命保険契約の解約の通知を行った際には行使できる。

・解説と解答・

1）不適切である。仮差押えの効果として、仮差押えの対象となった債権（解約返戻金支払請求権）の債務者である生命保険会社は、弁済（解約返戻金の支払）を禁止される（民事保全法50条1項）。

2）不適切である。仮差押えをした債権者は、強制執行できる権利（債務名義）をまだ取得しておらず、取立権に基づく解除権を行使できない（民事保全法50条5項による民事執行法155条1項の不準用）。

3）不適切である。差押えを行った債権者や破産管財人等は、生命保険を解除することができるが、その効果は、解除の通知が生命保険会社に届いてから1カ月を経過した日に生ずる（保険法60条1項）。

4）適切である。介入権（保険契約が差押えされ、差押債権者によって解約請求された場合等に、1カ月以内に一定の範囲の保険金受取人が所定の手続（解約返還金相当額の差押債権者等への支払等）を行うことにより、保険契約を存続させることができる制度）を行使できるのは、差押債権者等の生命保険契約解除権を有する者が解除の通知を行った場合である。仮差押手続において債権者は解除権を行使することができないので、仮差押手続との関係では介入権を行使することはできない（保険法60条１項）。

正解　4）

3－19　保険金等の支払いを適切に行うための対応に関するガイドラインⅠ

《問》保険金等の支払に関する次の記述のうち、一般社団法人生命保険協会の「保険金等の支払いを適切に行うための対応に関するガイドライン」に照らして、最も不適切なものはどれか。

1）保険金等を支払うことができない場合の顧客宛の通知・説明は、顧客の理解と納得が得られるよう丁寧かつわかりやすい内容にするとともに、迅速性にも留意しつつ行う必要がある。

2）顧客に保険金の請求案内をする段階では、まだ保険金を支払えるか不明であることから、保険金を「支払える場合」または「支払えない場合」について情報提供することは、無用な期待あるいは不安を抱かせるおそれがあるため、極力避けることが望ましい。

3）災害保険金の支払対象となる「不慮の事故」の要件の1つである「偶発性」の立証責任は顧客側にあるが、生命保険会社としては、行動・死亡現場の不審性等偶発性の存在を疑わしめるだけの事実等について、必要な調査を行うべきである。

4）保険金の支払に関しては、保険約款等で支払時期が定められているが、その支払時期にかかわらず、可能な限り迅速に支払をすべきである。

・解説と解答・

1）適切である（「保険金等の支払いを適切に行うための対応に関するガイドライン」Ⅱ．4．a.）。

2）不適切である。請求案内を受け、顧客が請求に必要な書類等の準備を始める前に、保険金等を支払える場合または支払えない場合についての理解を再度深めていただくことが大切である（「保険金等の支払いを適切に行うための対応に関するガイドライン」Ⅱ．2．c．(2)）。

3）適切である。保険金の請求者は、一般的に調査ノウハウ等を有していないこと等を考慮すると、立証責任が生命保険会社側にあるか、請求者側にあるかにかかわらず、生命保険会社として必要な事実の確認を行う必要がある（「保険金等の支払いを適切に行うための対応に関するガイドライン」Ⅱ．6．a．(1)ハ.）。

4）適切である（「保険金等の支払いを適切に行うための対応に関するガイドライン」Ⅱ．３．ａ.）。

正解　2）

3－20　保険金等の支払いを適切に行うための対応に関するガイドラインⅡ

《問》一般社団法人生命保険協会の「保険金等の支払いを適切に行うための対応に関するガイドライン」における、高度障害保険金、入院給付金等の原因が責任開始時前に生じた場合の「契約（責任開始）前事故・発病ルール」に関する次の記述のうち、最も不適切なものはどれか。

1）客観的に責任開始前に高度障害や入院の原因となった疾病や傷害等があれば、当該ルールにより支払対象外とされる。
2）このルールの適用にあたっては、信義則の観点からも、慎重に判断することが望ましい。
3）責任開始前に保険事故の原因となる疾病や傷害等があった場合は、約款所定の保険金等の支払事由に該当しないが、当該保険契約は解除しなければならない。
4）このルールは、告知義務違反とは別個の制度であるが、趣旨の類似性から混同されるケースもあるため、顧客に対し十分理解・認識してもらえるよう、適切な対応が求められる。

•解説と解答•

1）適切である。なお、このルールが適用されるためには故意・重過失等の主観的な要件は必要ない（「保険金等の支払いを適切に行うための対応に関するガイドライン」Ⅱ．６．ａ．⑵イ．①）。
2）適切である（「保険金等の支払いを適切に行うための対応に関するガイドライン」Ⅱ．６．ａ．⑵ハ．）。
3）不適切である。この場合、契約はそのまま継続し、責任開始後に生じた別の原因により支払事由が生じたときには保険金等を支払うこととなる（「保険金等の支払いを適切に行うための対応に関するガイドライン」Ⅱ．６．ａ．⑵イ．③）。
4）適切である（「保険金等の支払いを適切に行うための対応に関するガイドライン」Ⅱ．６．ａ．⑵ロ．）。

正解　３）

３－21　保険金受取人の死亡と保険金の支払Ⅰ

《問》保険金受取人以外への保険金の支払に関する次の記述のうち、最も不適切なものはどれか。

1）保険金受取人が成年被後見人である場合、成年後見人と称する者から保険金の支払請求を受けたときは、登記事項証明書の提出を求め、その者が実際に成年後見人に選任されているかを確認すべきである。

2）保険金受取人が法定相続人とされていた場合において、法定相続人の代表者に保険金を支払う場合は、他の法定相続人全員の同意を得ておくことが必要である。

3）保険金受取人が行方不明である場合、保険金受取人の不在者財産管理人と称する者から保険金の支払請求を受けたときは、家庭裁判所の審判書の提示を求めるべきである。

4）あらかじめ指定されていた保険金受取人が被保険者よりも先に死亡しており、契約者が受取人を再指定しないまま被保険者が死亡したが、このような場合の保険金受取人を定める約款規定がない場合、被保険者の法定相続人であって、被保険者の死亡時に生存する者が保険金を受け取ることになる。

・解説と解答・

1）適切である。

2）適切である。

3）適切である。

4）不適切である。この場合、あらかじめ指定されていた保険金受取人の法定相続人のうち保険金支払事由発生時に生存している者が保険金を受け取ることになる（保険法46条）。

法定相続人について、死亡した人の配偶者は常に相続人となり、配偶者以外の人は、次の順序で配偶者と一緒に相続人になる。なお、内縁関係の人は、相続人に含まれない。

＜第１順位＞

・死亡した人の子供

・その子供が既に死亡しているときは、その子供の直系卑属（子供や孫など）が相続人となり、子供も孫もいるときは、死亡した人により近い世代である子供の方を優先する。

＜第２順位＞

・死亡した人の直系尊属（父母や祖父母など）

・父母も祖父母もいるときは、死亡した人により近い世代である父母の方を優先する。

※第２順位の人は、第１順位の人がいないとき相続人になる。

＜第３順位＞

・死亡した人の兄弟姉妹

・その兄弟姉妹が既に死亡しているときは、その人の子供が相続人となる。

※第３順位の人は、第１順位の人も第２順位の人もいないとき相続人になる。

正解　4）

3－22　保険金受取人の死亡と保険金の支払Ⅱ

《問》Ａが契約者（＝被保険者）、Ａの子が死亡保険金受取人である生命保険契約に関し、「①Ａの死亡後、死亡保険金が支払われる前に子が死亡した場合」「②子の死亡後、Ａが死亡保険金受取人を他の者に指定する前にＡが死亡した場合」に関する次の記述のうち、最も適切なものはどれか。なお、保険約款において、保険金受取人の死亡の場合に関する特段の定めはなく、また子の遺言または子の相続人の遺産分割協議はないものとする。

1）①の場合、死亡保険金は子の相続財産ではなく、子の相続人は相続できない。

2）②の場合、死亡保険金は子の相続財産であり、当然に子の相続人が相続する。

3）①の場合、死亡保険金の受取額は、受取人の均等割（人数割）で計算される。

4）②の場合、死亡保険金の受取額は、受取人の均等割（人数割）で計算される。

・解説と解答・

1）不適切である。①では、Ａが死亡したことにより死亡保険金を受け取る権利が発生し、死亡保険金受取人である子に帰属した後に子が死亡しているので、死亡保険金を受け取る権利は、子の相続財産として子の相続人に相続される。

2）不適切である。②では、保険金受取人が先に死亡し、新たに保険金受取人が指定される前に被保険者が死亡した場合の保険金受取人はだれかという問題である。この場合、保険金受取人の相続人全員が保険金受取人となるとされており（保険法46条）、保険金受取人は相続の効果としてではなく、保険金受取人固有の権利として保険金を受け取ると考えられている。

3）不適切である。①では、死亡保険金は相続財産として相続されるので、受取割合は相続割合により計算される。

4）適切である。②では、保険金受取人固有の権利として死亡保険金を受け取るものとされ、保険金を受け取る権利は可分債権であり、受取額は人数分で均等に割ることになる（民法427条）。

正解　4）

3－23　遺言と保険金支払Ⅰ

《問》X生命保険会社（以下、「X社」という）の保険契約者（＝保険料負担者）・被保険者であるAが死亡した。当該保険契約の死亡保険金受取人はAの妻Bであったが、Aは生前に当該保険契約の死亡保険金受取人をAの妻Bから子Cに変更する旨の遺言を作成していた。この場合に関する次の記述のうち、最も不適切なものはどれか。なお、当該保険契約は保険法の適用を受ける契約である。

1）Aの作成した遺言が民法の定める要件・方式を満たさず無効である場合、遺言による保険金受取人変更についてもその効力は生じない。

2）Aの遺言書の存在や内容について、Aの相続人等がX社に通知する前に、X社がBの請求に応じて死亡保険金をBに支払った場合、遺言による受取人変更の有効性にかかわらず、X社はCに対して死亡保険金を支払う責任を負わない。

3）遺言による保険金受取人変更の有効性についてBとCの間で争いがあり、X社が過失なく保険金受取人（債権者）を確知することができない場合、X社は保険金を供託することにより、保険金支払債務を免れることができる。

4）Aの作成した遺言が民法の定める要件・方式を満たし、有効である場合、当該遺言を作成した後に、Aの子Dを死亡保険金受取人とする受取人変更手続を行っていたとしても、遺言は遺言者の死亡時に効力が生じるため、正当な死亡保険金受取人はCとなる。

・解説と解答・

遺言書の保管者またはこれを発見した相続人は、遺言者の死亡を知った後、遅滞なく遺言書を家庭裁判所に提出して、その「検認」を請求しなければならない。なお、公正証書による遺言のほか、法務局において保管されている自筆証書遺言（に関して交付される「遺言書情報証明書」）は、検認が不要である。

1）適切である。保険法では、保険金受取人の変更は遺言事項（遺言により効力が認められる事項）となったため、遺言による保険金受取人の変更が効力を生じるためには、遺言が民法に定める要件・方式を満たす必要がある。

2）適切である。遺言による保険金受取人の変更は、遺言の効力発生後、保険契約者の相続人がその旨を保険会社に通知しないと、保険会社に対抗することができない（保険法44条２項）。したがって、遺言の有効性にかかわらず、Ｂに対する生命保険金の支払は有効となる。

3）適切である（民法494条２項）。

4）不適切である。遺言が後に行われた法律行為と抵触するときは、その抵触する部分については、前の遺言を撤回したものとみなされる（民法1023条２項、大判昭18.3.19民集22巻185頁）。

正解　4）

3－24　遺言と保険金支払Ⅱ

《問》保険契約者（＝被保険者）がＡ、死亡保険金受取人がＡの妻である生命保険契約において、Ａの死亡後に見つかった遺書に「死亡保険金受取人は子とする」との記載があった場合に関する次の記述のうち、最も適切なものはどれか。なお、当該保険契約は保険法の適用を受ける契約である。

1）遺書の全文が文章ソフトで記載されていたが、文末に署名があった場合、自筆証書遺言による受取人変更と考えることができる。

2）遺書が自筆証書遺言として効力を有しているかにかかわらず、保険金受取人変更の意思表示が遺書を通じて妻と子になされていれば、子は死亡保険金受取人となる。

3）遺書が自筆証書遺言として有効であったが、生命保険会社が遺書の存在を知る前に死亡保険金を妻に支払った場合、子は死亡保険金を生命保険会社に請求できない。

4）Ａの遺言執行者から、保険金受取人をＡの子とする旨の遺言として法律が求める要式に則したＡの遺言の提示を受けた場合、遺言による受取人変更が効力を有するためには、相続人から保険会社に対する通知が必要であるため、保険金受取人をＡの子とすることはできない。

・解説と解答・

遺言の方式には、主に自筆証書遺言と公正証書遺言がある。

①自筆証書遺言は、軽易な方式の遺言であり、自書能力さえ備わっていれば他人の力を借りることなく、いつでも自らの意思に従って作成することができ、手軽かつ自由度の高い制度である。近時の改正により、財産目録については自書しなくてもよくなり、また、法務局における保管制度も創設され、自筆証書遺言が更に利用しやすくなっている。

②公正証書遺言は、法律専門家である公証人の関与のもとで、２人以上の証人が立ち会うなど厳格な方式に従って作成され、公証人がその原本を厳重に保管するという信頼性の高い制度である。また、遺言者は、遺言の内容について公証人の助言を受けながら、最善の遺言を作成することができ、遺言能力の確認なども行われる。

1）不適切である。自筆証書遺言として有効となるためには、遺言内容の全文、日付、氏名を自書し、押印する必要がある（民法968条１項）。

2）不適切である。遺言が無効で、遺言による受取人変更の効力が生じないとすると、保険金受取人変更の意思表示は、生命保険会社に対して行われる必要があり、新旧受取人に対する意思表示では受取人変更の効果は生じない（保険法43条２項）。

3）適切である。遺言による受取人変更は、遺言の効力が生じた後、保険契約者の相続人がその旨を生命保険会社に通知しないと、生命保険会社に対抗することができない（保険法44条２項）。

4）不適切である。受取人の変更は有効な遺言によって行うことができ、保険会社に対する保険契約者の相続人による通知は、遺言による受取人変更の効力要件ではなく対抗要件である。また、遺言執行者は、相続人を代理できることから、遺言執行者による通知も可能である（民法1012条１項）。

正解　３）

3－25　契約者貸付Ⅰ

《問》Ｘ生命保険会社（以下、「Ｘ社」という）が行った契約者貸付に関する次の記述のうち、最も適切なものはどれか。

1）保険契約者の妻から、「保険契約者に代わって契約者貸付を受けたい」と申出があったため、保険契約者の意思等を確認せず、妻に対して契約者貸付を実行した。この場合、夫婦は日常家事に関する代理権を互いに有しているので、Ｘ社は保険契約者に対して当該貸付が有効であることを主張できる。

2）保険契約者の妻から、委任状を持参して契約者貸付の申出があったので、妻を保険契約者の代理人として契約者貸付を実行したが、後日、委任状が偽造されたものであったことが判明した。この場合、Ｘ社が妻を真の代理人と信じたことについて善意・無過失であっても、Ｘ社は、保険契約者に対し当該貸付が有効であることを主張できない。

3）保険契約者と称する者から契約者貸付の申出があったので、その者に対して契約者貸付を実行したが、後日、当該申出者が保険契約者になりすました者であったことが判明した。この場合、当該貸付は、本来の保険契約者に対する貸付ではないので無効であり、Ｘ社が申出者を本来の保険契約者であると信じたことについて善意・無過失であっても、Ｘ社が本来の保険契約者に対し当該貸付が有効であることを主張できない。

4）Ｘ社が契約者貸付の有効性を保険契約者に主張できる場合で、当該契約者貸付が返済されずに死亡保険金の支払事由に該当したときは、死亡保険金から契約者貸付の元金およびその利息を差し引くことができる。

・解説と解答・

1）不適切である。契約者貸付が日常家事債務（民法761条参照）に該当するとは当然には解釈できないため、保険契約者の妻からの契約者貸付の申出であったとしても、保険契約者の意思を確認するべきである。

2）不適切である。保険会社が保険契約者の代理人または使者と称する者に対して契約者貸付を実行した場合において、その者が代理人または使者であると認定するにつき相当の注意義務を尽くしたときは、保険会社は、受領権者としての外観を有する者に対する弁済（民法478条）の類推適用により、保険契約者に対し当該貸付が有効であることを主張できる（最一小判平9.4.24民集51巻４号1991頁）。

3）不適切である。保険会社が保険契約者になりすました者に対して契約者貸付を実行した場合において、その者が保険契約者であると認定するにつき相当の注意義務を尽くしたときは、保険会社は、受領権者としての外観を有する者に対する弁済（民法478条）の類推適用により、保険契約者に対して当該貸付が有効であることを主張できる場合がある（最一小判平9.4.24民集51巻４号1991頁参照）。

4）適切である。契約者貸付の有効性を保険契約者に主張できる以上、契約者貸付が返済されない場合、生命保険会社は、死亡保険金支払時に保険金から契約者貸付金相当額を差し引くことができる。

正解　4）

3－26　契約者貸付Ⅱ

《問》X生命保険会社（以下、「X社」という）の行った契約者貸付に関する次の記述のうち、最も適切なものはどれか。

1）X社が保険契約者の代理人と称する者に対して、代理人と認定するのに相当の注意を尽くしたうえで契約者貸付を実行した場合でも、その者が代理人でないことが判明したときは、X社は保険契約者に対して当該貸付の有効性を主張できる余地はない。
2）保険契約者の妻からの契約者貸付の申出に対し、保険契約者の意思を確認せず、契約者貸付を実行した場合、夫婦は「日常の家事」に関する代理権を当然に有しているため、X社は、保険契約者に対して、当該貸付の有効性を主張できる。
3）X社が契約者貸付の有効性を保険契約者に主張できる場合で、当該契約者貸付が返済されずに死亡保険金の支払事由に該当したときは、死亡保険金から契約者貸付の元金およびその利息を差し引くことができる。
4）保険契約者と称する者からの契約者貸付の申出に対して貸付を実行したが、申出者がなりすましであったことが判明した場合、X社は、真の保険契約者に対して、当該貸付の有効性を主張できる余地はない。

・解説と解答・

1）不適切である。保険会社が保険契約者の代理人または使者と称する者に対して契約者貸付を実行した場合において、その者が代理人または使者であると認定するにつき相当の注意義務を尽くしたときは、保険会社は、受領権者としての外観を有する者に対する弁済（民法478条）の類推適用により、保険契約者に対し当該貸付が有効であることを主張できる（最一小判平9.4.24民集51巻4号1991頁）。
2）不適切である。契約者貸付が「日常の家事」（民法761条）に該当するとは当然には解釈できないため、保険契約者の妻からの契約者貸付の申出であったとしても、保険契約者の意思を確認するべきである。
3）適切である。
4）不適切である。保険会社が保険契約者になりすました者に対して契約者貸付を実行した場合において、その者が保険契約者であると認定するにつき相当の注意義務を尽くしたときは、保険会社は、受領権者としての外観を有する者に対する弁済（民法478条）の類推適用により、保険契約者に対して当該貸付が有効であることを主張できる場合がある（最一小判平9.4.24民集51巻４号1991頁）。

正解　3）

3－27　グリーフケア

《問》一般社団法人生命保険協会「保険金・給付金支払時にお客さまの心情に寄り添うためのハンドブック～グリーフケアに基づくお客さま対応の手引き～」のグリーフケアに関する次の記述のうち、最も適切なものはどれか。

1）グリーフケアとは、家族の死亡や病気等による喪失による悲嘆（グリーフ）をかかえている人の心情に寄り添った対応を行う学術的根拠に基づく試みである。

2）「配偶者の死」や「肉親の死」は「解雇」よりも、「けが・病気」は「刑務所などへの拘留」よりも強いストレスとされている。

3）喪失による悲嘆（グリーフ）を経験した人には、感情的反応、行動的反応、生理的・身体的反応、認知的反応が見られることが知られており、自尊心の低下は感情的反応とされる。

4）死別という喪失を、心から納得し受け入れる「受容」までには、少なくとも４～５年が必要とされている。

・解説と解答・

1）適切である。近年、広義でグリーフの知識全般を「グリーフケア」とすることが多くなっている。なお、「グリーフワーク」は、何かを失った人が行う、喪失を受け入れるための作業であり、その多くは意識せずに行われる。

2）不適切である。「配偶者の死」や「肉親の死」は「刑務所などへの拘留」よりも、「けが・病気」は「解雇」よりも強いストレスとされている。肉親の死と刑務所等への拘留は同等のストレスとされている。

3）不適切である。喪失による悲嘆（グリーフ）を経験した人には、感情的反応（抑うつ、絶望、悲しみ、落胆、無感覚など）、行動的反応（動揺、疲労、過活動、社会的引きこもりなど）、生理的・身体的反応（食欲不振、睡眠障害、病気へのかかりやすさなど）、認知的反応（自尊心の低下、非現実感、記憶力や集中力の低下など）が見られることが知られており、自尊心の低下は認知的反応とされる。

4）不適切である。死別という喪失を、心から納得し受け入れる「受容」までには、少なくとも１～２年が必要とされている。

正解　1）

第4章

その他の業務

4－1　投資信託販売上の留意点Ⅰ

《問》X生命保険会社（以下、「X社」という）の従業員Yが、投資信託を勧誘・販売する際の対応に関する次の㋐～㋓の記述のうち、適切なものはいくつあるか。なお、本問における個人顧客は特定投資家ではないものとする。

㋐　Yが個人顧客Aに投資信託の勧誘・販売を行う場合、適合性の原則により、Aの知識・経験・財産の状況との適合性に加え、投資信託購入の目的との適合性が求められる。

㋑　Yが個人顧客Bに投資信託の勧誘・販売を行うに際して、YがBに対して損失の補てんを約束することは、一定の要件を満たす証券事故による場合を除き、禁止されている。

㋒　Yが個人顧客Cに投資信託の勧誘・販売を行うに際して、投資信託の商品内容やリスク等について、一般の人が理解できる程度の説明を行えばよく、Cの属性等に応じた説明までは求められない。

㋓　Yが個人顧客Dに断定的判断を提供して投資信託を販売し、Dに損害が生じた場合、YだけでなくX社も損害賠償責任を負う可能性がある。

1）1つ
2）2つ
3）3つ
4）0（なし）

・解説と解答・

㋐　適切である（金融商品取引法40条1号）。

㋑　適切である（金融商品取引法39条）。

㋒　不適切である。顧客の年齢、知識、投資経験、投資意向および理解力等の属性に応じて、当該金融商品の内容、仕組みおよび取引に伴うリスクとその内容について説明すべきである（金融商品取引法40条、改正金融サービス提供法4条1項、2項）。

㋓　適切である。X社もYの使用者として、使用者責任を負う可能性がある（改正金融サービス提供法5条、8条、民法715条）。

したがって、適切なものは3つ。

正解　3）

4－2　投資信託販売上の留意点Ⅱ

《問》Ｘ生命保険会社の従業員が行った投資信託販売上の対応に関する次の記述のうち、最も不適切なものはどれか。なお、本問における個人顧客は特定投資家ではないものとする。

1）高齢の個人顧客が老後の生活資金を安定的に運用したいとの意向を有していることが把握できたので、当該顧客に対し、ハイリスク・ハイリターンの投資信託の勧誘は避けることにした。

2）個人顧客に対し、投資信託の勧誘を行うに際して、投資信託が保険契約とは異なる商品であることや、生命保険契約者保護機構の補償対象契約に該当しないこと、元本の返済が保証されていないこと等、保険契約との誤認防止のための説明を行った。

3）個人顧客に対し、当該顧客が現に保有している投資信託を解約して、別の投資信託を販売する乗換え勧誘を行うに際して、当該顧客自身が自己のニーズに合っていると判断できるよう、当該乗換えに関する重要な事項について説明した。

4）個人顧客に対し、投資信託の商品内容やリスク等について一般の人が十分に理解できる程度の説明を行ったものの、当該顧客が当該説明をまったく理解していないことがわかったが、当該顧客が申込みの意思を示したことから、さらに説明することなく、当該投資信託を販売することにした。

・解説と解答・

1）適切である。適合性の原則（金融商品取引法40条）の観点から、適切な対応である。

2）適切である。投資信託を取り扱う場合には、保険契約とは異なること、生命保険契約者保護機構の補償対象契約には該当しないこと、元本の返済が保証されていないこと等、保険契約との誤認防止のための説明を行わなければならない（保険業法施行規則53条の２第１項、第２項）。

3）適切である。乗換え勧誘自体が禁止されているわけではなく、金融商品取引法上、乗換えに関する重要な事項の説明義務を果たせば、乗換え勧誘を行うことが可能である（金融商品取引法40条２号、金融商品取引業等に関する内閣府令123条１項９号）。

4）不適切である。投資信託の販売にあたって必要な重要事項の説明は、顧客の知識、経験、財産の状況および当該金融商品の販売に係る契約を締結する目的に照らして、当該顧客に理解されるために必要な方法および程度によるものでなければならないとされており（改正金融サービス提供法４条１項、２項）、また、顧客が説明を理解できていないことがわかりながら投資信託を販売することは、適合性の原則（金融商品取引法40条）に抵触する。

正解　4）

4－3　損害保険販売上の留意点Ⅰ

《問》Ｘ生命保険会社（以下、「Ｘ社」という）は、Ｙ損害保険会社（以下、「Ｙ社」という）の損害保険代理店である。Ｘ社の従業員ＡがＹ社の損害保険を販売する際の対応に関する次の記述のうち、最も適切なものはどれか。なお、Ａは損害保険募集人資格を有しているものとする。また、Ｙ社はＸ社の子会社等、Ｘ社と密接な関係を有する会社ではないものとする。

1）一般に、損害保険代理店の権限は契約締結の代理であることから、Ａは、損害保険の募集を行う際には、その契約形態が媒介であるときのみ、その旨を明示すればよい。

2）Ｘ社が損害保険代理店として登録を受けていれば、Ａ自身が登録を受けていなくても、氏名等の届出をすることにより、Ｙ社の損害保険の募集を行うことができる。

3）ＡがＹ社の損害保険の募集資料を作成する場合、Ｘ社の特色を反映させた独自の募集資料を作成するのが望ましく、Ｙ社のガイドラインやマニュアルに制限されるべきではない。

4）Ｘ社はＹ社の損害保険事務の代行を行うにあたり、内閣総理大臣の認可を受ける必要はない。

・解説と解答・

1）不適切である。明示を要するのは媒介であるときに限られない（保険業法294条３項２号）。

2）適切である。損害保険代理店の役員もしくは使用人は、損害保険の募集に従事することができる（保険業法275条１項２号、302条）。

3）不適切である。引受保険会社であるＹ社が定める募集資料作成のガイドラインやマニュアルによるチェックを受ける必要がある。

4）不適切である。内閣総理大臣の認可を受ける必要がある（保険業法98条２項、同条１項１号）。

正解　2）

4－4　損害保険販売上の留意点Ⅱ

《問》X生命保険会社（以下、「X社」という）は、子会社であるY損害保険会社（以下、「Y社」という）の損害保険商品の募集も行っている。X社の営業職員が行った募集に関する次の記述のうち、最も適切なものはどれか。

1）営業職員が損害保険代理店として登録されておらず、損害保険代理店の役職員としての届出もされていない場合、Y社の損害保険商品に限っては、営業職員が募集を行っても保険業法に抵触しない。

2）営業職員が損害保険の募集を行った際に、顧客から「この損害保険商品はX社の商品ですか」と質問され、「X社で取り扱っている商品です」と説明し、引受保険会社がY社であることを説明しなかった場合、当該募集は保険業法に抵触しない。

3）営業職員が顧客の求めによりX社の生命保険商品とY社の損害保険商品を組み合わせた提案書を作成したが、この提案書にX社の名称しか記載しなかった場合、そのこと自体は保険業法に抵触しない。

4）営業職員が募集にあたり、自己の権限が媒介であるか代理であるかを顧客に明示した場合、そのこと自体は保険業法に抵触しない。

・解説と解答・

1）不適切である。損害保険会社の役職員でない場合、損害保険を募集するには、損害保険代理店の登録あるいは損害保険代理店の役員・使用人としての届出が必要である（保険業法275条、276条）。

2）不適切である。損害保険商品が生命保険会社の商品であるかのような誤解を生じさせるおそれがある勧誘は禁止されており（保険業法300条１項９号、同法施行規則234条１項５号、監督指針Ⅱ－４－２－２⒀）、本肢のような対応は、X社が損害保険商品も引受けしているとの誤解を顧客に生じさせるおそれがある。

3）不適切である。同時に記載した損害保険商品がX社の商品であるという誤解を顧客に与えるおそれがある。

4）適切である。募集にあたり、権限が媒介であるのか代理であるのかの別を顧客に明示しなければならない（保険業法294条３項２号）。

正解　4）

4－5　生命保険商品の銀行窓口販売Ⅰ

《問》Ｘ生命保険会社（以下、「Ｘ社」という）がＡ銀行との間で代理店委託契約を締結した場合に関する次の記述のうち、最も不適切なものはどれか。

1）Ａ銀行が、顧客の非公開金融情報を保険募集に利用するために顧客の事前同意を得る場合、対面で説明したうえ、その場で書面による同意を得る方法のみが認められており、あらかじめ電話により口頭で同意を得たうえでその旨を記録し、後日契約申込み前までに郵送等で同意書面を取得する方法は認められていない。

2）Ａ銀行は、Ｘ社の商号・名称などを明示した保険募集指針を定めて、顧客への周知のために、書面による交付やインターネットホームページでの公表などをしなければならない。

3）Ｘ社は、Ａ銀行の委託契約等において、契約内容に関する顧客からの照会への対応、顧客からの苦情・相談への対応等、保険契約締結後に必要となる業務について、その業務分担を明確に定め、顧客に明示しなければならない。

4）Ａ銀行は、顧客が銀行カードローン（非事業性融資）の申込みをＡ銀行に対して行っていることを知っている場合であっても、当該顧客に対して保険募集を行うことができる。

・解説と解答・

1）不適切である。電話による同意取得も認められる（監督指針Ⅱ－4－2－6－2(1)③)。

2）適切である。保険契約を引き受けるのは保険会社であること、保険金等の支払は保険会社が行うことなども併せて周知しなければならない（監督指針Ⅱ－4－2－6－3(1))。

3）適切である。保険金等の支払手続に関する照会等を含む各種手続方法に関する案内等も含め、業務分担を定めて明示する必要がある（監督指針Ⅱ－4－2－6－1(3))。

4）適切である。銀行は、顧客が事業性融資の融資申込みをしていることを知りながら当該顧客に対して保険募集を行うことを禁止されているが（タイミング規制)、非事業性融資は事業性融資に比べて銀行の顧客に対する影響力が小さいこと等のため、規制の対象外である（保険業法施行規則234条１項10号）。

<u>正解　1）</u>

4－6　生命保険商品の銀行窓口販売Ⅱ

《問》X生命保険会社（以下、「X社」という）がY銀行に保険募集を委託するにあたって行った準備として、次のうち最も不適切なものはどれか。

1）保険募集手数料について、保険会社の経営の健全性の確保および銀行等による保険募集の公正の確保の見地からみて妥当な設定を行い、Y銀行が他の銀行等よりも著しく有利とならないように留意した。

2）保険契約締結後の顧客対応に係る業務についてY銀行との分担を定め、顧客に明示するための書類を作成した。

3）Y銀行において、保険募集に係る法令等遵守の確保のため、保険募集に係る業務を行う営業部店単位の責任者および当該責任者を指揮する統括責任者を配置させた。

4）Y銀行が一定の販売量を達成することを委託の条件として委託方針を定め、これを踏まえて委託の内容を定めた。

・解説と解答・

1）適切である。監督指針Ⅱ－4－2－6－1(1)②。

2）適切である。監督指針Ⅱ－4－2－6－1(3)。なお、保険契約締結後の顧客対応に係る業務分担は申込みの重要な判断要素なので、申込み前に示すべきであるとされている。

3）適切である。銀行等は、保険募集に係る法令等の遵守を確保する業務が確実に実施されるよう、法令等の遵守を確保する業務に係る責任者（当該責任者を指揮し保険募集に係る法令等の遵守を確保する業務を統括管理する統括責任者を含む）について、保険募集に関する法令や保険契約に関する知識等を有する人材を配置することが求められている（監督指針Ⅱ－4－2－6－8）。

4）不適切である。委託する保険種目および想定される販売量を定めるにあたっては、「その達成を委託の条件とするものではないことに留意すること」が監督指針に明記されている（監督指針Ⅱ－4－2－6－1(1)①）。

正解　4）

4－7　生保資金の運用規制Ⅰ

《問》生命保険会社の資産運用に関する次の記述のうち、最も不適切なものはどれか。

1）責任ある投資家として投資先企業と目的を持った対話等を通じて、投資先企業の企業価値向上や持続的成長に向けたスチュワードシップ責任を適切に果たすように努めることが求められている。
2）保険料は、予定利率で運用することを前提として決定されていることから、必要な利回りを確保できる運用を行うことが求められる。
3）持続可能な社会の実現に向けて、社会的課題の解決へ貢献するため、環境・社会・ガバナンス（ESG）の要素も考慮した資産運用に努めることが求められている。
4）保険業法には、保険会社の資産運用に関する方法や上限額などは定められていない。

・解説と解答・

1）適切である。
2）適切である。収益性の原則に従い、収益性が高い、適正な利回りが期待できる運用を行うことが求められる。なお、生命保険会社の資産は、その大半が将来の保険金などの支払を確実にするための責任準備金に対応しているという特性から、安全性、収益性、流動性の原則に基づいて運用されており、その資産は多数の契約者から払い込まれた保険料の集積であり、運用も広く経済の各分野にわたっていることから、公共性も求められる。
3）適切である。
4）不適切である。保険業法上の規制がある（保険業法97条２項、同法施行規則47条、同法97条の２第２項等）。また、生命保険会社の資産運用については、保険業法関連以外にも、利息制限法や独占禁止法等の規制がある。

正解　4）

4－8　生保資金の運用規制Ⅱ

《問》生命保険会社が行う融資に関する次の記述のうち、最も不適切なものはどれか。

1）生命保険会社が他の金融機関との間で、一定の顧客層に対し融資をしない旨を申し合わせることは、独占禁止法に抵触する可能性がある。
2）利息制限法で定められた上限金利を超える利息を条件に融資契約を締結した場合、同法により5年以下の懲役もしくは1,000万円以下の罰金または併科に処せられる。
3）生命保険会社の担当者が、回収の見込みがない取引先に対して融資を行い、生命保険会社に損害が生じた場合、担当者には背任罪が成立する可能性がある。
4）生命保険会社の営業職員が、その地位を利用し、自己の利益を図るために自己の資金を顧客に貸し付けることは禁止されている。

・解説と解答・

1）適切である。共同して取引の相手方を制限するなどして、公共の利益に反して一定の取引分野における競争を実質的に制限することは、独占禁止法で禁止される「不当な取引制限」に当たる可能性がある（独占禁止法2条6項、3条）。
2）不適切である。利息制限法で定められた上限金利を超えた場合、その超過部分について無効となる（利息制限法1条）が、罰則の規定はない。ただし、出資法の上限金利を超えた場合、刑事罰が科される（出資法5条）。
3）適切である。背任罪（刑法247条）、特別背任罪（保険業法322条1項8号）が成立する可能性がある。
4）適切である。生命保険会社等の金融機関の役職員等が、自己または当該金融機関以外の第三者の利益を図るため、金銭の貸付をすること、すなわち浮貸しは禁止されている（出資法3条）。

正解　2）

4－9　インサイダー取引Ⅰ

《問》金融商品取引法で規制されている会社関係者の禁止行為（いわゆるインサイダー取引規制）に関する次の記述のうち、最も適切なものはどれか。

1）インサイダー取引規制に関して金融商品取引法で規定する「公表」とは、２社以上の報道機関に公開して12時間が経過したこと、自社ホームページのＩＲ情報欄に掲載すること、金融商品取引所ホームページに掲載することのいずれかの措置がとられたことをいう。

2）従業員がインサイダー取引規制に違反する行為を行った場合でも、その使用者たる会社に対して、金融商品取引法上の罰則が科されることはない。

3）インサイダー取引規制に関して金融商品取引法で規定する「重要事実」には、一定の基準を満たす「株式または新株予約権を引き受ける者の募集の決定」「剰余金の配当の決定」「新商品または新技術の企業化の決定」「業務上の提携の決定」などが含まれる。

4）上場会社の子会社に関する情報は、上場会社と子会社は法人格が別個であることから、当該上場会社におけるインサイダー取引規制に関して金融商品取引法で規定する「重要事実」には該当しない。

・解説と解答・

1）不適切である。自社ホームページに掲載することは含まれない（金融商品取引法166条４項、同法施行令30条）。

2）不適切である。会社も罰則の対象となる場合がある（両罰規定。金融商品取引法207条１項２号）。

3）適切である（金融商品取引法166条２項）。

4）不適切である。子会社に関する情報も「重要事実」に含まれる（金融商品取引法166条２項５号～８号）。

正解　3）

４－10　インサイダー取引Ⅱ

《問》金融商品取引法上のインサイダー取引規制に関する次の記述のうち、最も不適切なものはどれか。

１）インサイダー取引規制における「会社関係者」とは、上場会社等の役員、代理人、使用人その他の従業者（パートタイマー等を含む）、当該上場会社等の会計帳簿の閲覧等請求権を有する株主などのことをいう。

２）インサイダー取引規制における重要事実の「公表」には、当該上場会社等のホームページにおける公開は含まれない。

３）インサイダー取引規制に違反した場合、違反行為を行った個人に対して５年以下の懲役もしくは500万円以下の罰金またはそれらの併科が科される可能性があるが、法人自体に罰則が科されることはない。

４）一般的に、上場会社において、取締役や執行役の異動が決定されたことは、インサイダー取引規制における「重要事実」とならない。

・解説と解答・

１）適切である。その他、当該上場会社等（上場投資法人等）の会計帳簿等の閲覧等請求権を有する投資主や当該上場会社等に対する法令に基づく権限を有する者なども含まれる（金融商品取引法166条１項）。

２）適切である。インターネットによって公開する場合、適時開示情報閲覧サービス（TDnet）における公衆縦覧により行う（金融商品取引法166条４項、同法施行令30条、有価証券上場規程414条７項）。

３）不適切である。法人自体にも５億円以下の罰金が科される可能性がある（金融商品取引法207条１項２号、197条の２）。

４）適切である。代表取締役または代表執行役の異動の決定は、適時開示事項ではあっても、一般的には、インサイダー取引規制における重要事実には該当しないと考えられる。また、代表権のない取締役や執行役の異動の決定も、一般的には、インサイダー取引規制上の重要事実には該当しないと考えられる。ただし、例えば、代表取締役が当該上場会社に対して強い影響力を持つ創業者である場合などは、その辞任が株価に影響することも考えられるので、投資者の投資判断に著しい影響を及ぼすものとしてバスケット条項に該当する可能性もあると考えられる。

正解　3）

４－11　インサイダー取引Ⅲ

《問》上場会社等のインサイダー取引規制に関する次の記述のうち、最も適切なものはどれか。

1）インサイダー取引規制に関して、金融商品取引法が定める「会社関係者」は、当該上場会社等の役員、従業者および退職後１年以内の者に限られる。
2）インサイダー取引規制に関して、金融商品取引法が定める「重要事実」には、災害に起因する損害または業務遂行の過程で生じた損害も含まれる。
3）インサイダー取引規制に関して、金融商品取引法が定める重要事実の「公表」は、重要事実を２以上の日刊新聞紙等の報道機関に対して公開した時点で要件を満たす。
4）インサイダー取引規制に関して、上場会社役員が行った業務が金融商品取引法違反と認められた場合、当該会社には５億円以下の罰金が科される可能性があるが、当該会社役員が同法上の罰則を科されることはない。

・解説と解答・

1）不適切である。その他、当該上場会社等の会計帳簿等の閲覧等請求権を有する株主や当該上場会社等と契約を締結している者なども含まれる（金融商品取引法166条１項）。
2）適切である（金融商品取引法166条２項２号イ）。
3）不適切である。報道機関に対する公開に加え、その周知のために必要な期間（少なくとも２の報道機関に対する公開から12時間）が経過したことが必要である（金融商品取引法166条４項、同法施行令30条）。
4）不適切である。個人に対して５年以下の懲役もしくは500万円以下の罰金またはそれらが併科される可能性がある（金融商品取引法197条の２第13号）。また、インサイダー取引によって得た財産については、没収される（同法198条の２）。

正解　2）

第5章

会社・支社等の経営

5－1　内部統制システムⅠ

《問》内部統制システムに関する次の記述のうち、最も不適切なものはどれか。

1）内部監査部門は、被監査部門におけるリスク管理状況等を把握したうえ、リスクの種類・程度に応じて、頻度・深度に配慮した効率的かつ実効性ある内部監査計画を立案するとともに、内部監査計画に基づき効率的・実効性ある内部監査を実施しなければならない。

2）保険会社における内部統制システムは、保険法においてその構築等が義務づけられている。

3）内部統制システムの整備は会社の重要な業務執行であり、取締役会設置会社にあっては、その決定を取締役に委任することはできない。

4）子会社（実質子会社）を有している場合、内部統制システムとして、親会社自身の業務、および親会社とその子会社（実質子会社）から成る企業集団の業務の適正を確保するために必要な体制を整備する必要がある。

・解説と解答・

1）適切である。また、内部監査部門は、被監査部門に対して十分牽制機能が働くよう独立し、かつ、実効性ある内部監査が実施できる態勢となっていること、内部監査業務の実施要領等に基づき、支払管理部門をはじめとしたすべての部門のすべての業務に対する監査を実施していること、内部監査で指摘した重要な事項について遅滞なく代表取締役および取締役会に報告していることなどが求められる（監督指針Ⅱ－１－２－１(5)）

2）不適切である。内部統制システムの構築等を義務づけているのは、保険法ではなく、会社法（相互会社の場合は保険業法）である（会社法362条５項、保険業法53条の14第５項）。

3）適切である。取締役の職務の執行が法令・定款に適合することを確保するための体制その他株式会社の業務並びに当該株式会社およびその子会社から成る企業集団の業務の適正を確保するために必要なものとして法務省令で定める体制の整備も、内部統制システムとして求められており、その決定を取締役に委任することはできない（会社法362条４項６号、同法施行

規則100条１項４号、保険業法53条の14第４項６号、同法施行規則23条の８第４号）。
4）適切である（会社法362条４項６号、同法施行規則100条１項５号、保険業法53条の14第４項６号、同法施行規則23条の８第５号）。

正解　2）

5－2　内部統制システムⅡ

《問》会社法が定める内部統制システムに関する次の㋐～㋓の記述のうち、適切なものはいくつあるか。

㋐　自律的な法令遵守やリスク管理等に必要な体制として内部統制システムを構築しない、または適切な運用を行わない場合、取締役は任務懈怠責任に問われる。

㋑　内部統制システムの整備は、当該会社のみが対象となり、その子会社も対象としたグループ（企業集団）における内部統制システムの整備義務は含まれない。

㋒　内部統制システムの「運用状況の概要」は、事業報告で開示することとされている。

㋓　内部統制システムの整備に関する事項の決定は、取締役に委ねることはできず、取締役会で決定すべきとしている。

1）1つ
2）2つ
3）3つ
4）0（なし）

・解説と解答・

㋐　適切である（会社法362条、423条）。

㋑　不適切である。内部統制システムの整備には、当該会社のみならず、その子会社も対象としたグループ（企業集団）における内部統制システムの整備義務も含まれる（会社法362条4項6号ほか）。

㋒　適切である（会社法施行規則118条2号）。

㋓　適切である（会社法362条4項）。

したがって、適切なものは3つ。

正解　3）

５－３　取締役の利益相反取引Ⅰ

《問》取締役会設置会社であるＸ生命保険会社（以下、「Ｘ社」という）の取締役Ａ（代表権は有しない）が行った取引に関する次の記述のうち、最も不適切なものはどれか。

１）Ａが、Ｘ社から、個人的に無利息・無担保で融資を受ける契約をＸ社との間で締結する場合、Ｘ社の取締役会で承認を受ける必要はない。
２）Ａが、自ら保険料を負担して、Ｘ社の生命保険契約に、他の顧客と同様の条件により加入する場合、Ｘ社の取締役会の承認を受ける必要はない。
３）Ｘ社の取締役会が、Ｘ社とＡとの間の利益相反取引の承認について決議する場合、Ａは当該取締役会の議決に加わることはできない。
４）Ｘ社とＡとの間の利益相反取引によってＸ社に損害が生じた場合、当該利益相反取引について、Ｘ社の取締役会の承認を受けたか否かにかかわらず、Ａは任務懈怠による損害賠償責任を負うことがある。

・解説と解答・

１）不適切である。ＡがＸ社から個人的に融資を受ける契約を締結する場合、Ｘ社の取締役会で承認を受ける必要がある（会社法356条、保険業法53条の15）。なお、Ｘ社がＡから無利息・無担保で融資を受ける場合には、Ｘ社に不利益はないので、Ｘ社の取締役会の承認を要しない。
２）適切である。保険契約のような定型的取引であり、抽象的に会社に損害が生じ得ないような取引については取締役会の承認は不要であるとされている。
３）適切である。利益相反取引に係る取締役会決議においては、当該取引に係る取締役は、特別利害関係人に該当するため、その議決に参加することはできない（会社法369条２項、保険業法53条の16）。
４）適切である（会社法423条、保険業法53条の33）。

正解　１）

5－4　取締役の利益相反取引Ⅱ

《問》取締役会設置会社であるＸ生命保険会社（以下、「Ｘ社」という）の代表権のない取締役Ｚは、他事業を営むＹ社の代表取締役でもある。Ｙ社が金融機関から借入れをするにあたり、Ｘ社が借入れの連帯保証をすることとなった（以下、「本件保証行為」という）場合に関する次の記述のうち、最も不適切なものはどれか。

1）本件保証行為はＺによる利益相反取引に該当するため、ＺはＸ社およびＹ社双方の取締役会の承認を得なければならない。

2）Ｘ社の取締役会で本件保証行為を承認する際、Ｚは取引の重要な事実をＸ社の取締役会に開示しなければならない。

3）ＺはＸ社の取締役会に対し、本件保証行為完了後、遅滞なく当該取引についての重要な事実を報告しなければならない。

4）Ｘ社の取締役会で本件保証行為を承認したが、本件保証行為によってＸ社に損害が生じた場合、Ｚは任務懈怠による損害賠償責任をＸ社に負う可能性がある。

・解説と解答・

1）不適切である。ＺはＹ社の代表権を有する代表取締役であるが、Ｘ社においては代表権のない取締役であるので、本件保証行為は、Ｘ社にとっては利益相反取引に該当するが、Ｙ社にとっては該当しない。したがって、Ｘ社においては取締役会決議を得る必要があるが、Ｙ社においては取締役会決議を得る必要はない（会社法365条１項、356条、保険業法53条の15）。

2）適切である（会社法365条１項、356条１項、保険業法53条の15）。

3）適切である（会社法365条２項、保険業法53条の15）。

4）適切である。取締役が株主総会、取締役会の承認を得て取引を行った場合でも、その結果として会社が損害を被った場合は、取締役は善管注意義務、忠実義務違反の責任を負うことがある（会社法423条１項、３項、保険業法53条の33第１項、３項）。もっとも、総株主の同意による承認は、事前であれ事後であれ、取締役の任務懈怠責任を免除する効果を有する（会社法424条、保険業法53条の34）。

正解　1）

５－５　ディスクロージャー

《問》保険業法上の業務および財産の状況に係る「業務報告書」または「説明書類（いわゆるディスクロージャー誌）」に関する次の記述のうち、最も適切なものはどれか。

１）生命保険会社は、事業年度ごとに業務および財産の状況を記載した業務報告書を作成し、原則として事業年度終了後３カ月以内に内閣総理大臣に提出しなければならない。

２）生命保険会社は、事業年度ごとに業務および財産の状況に関する事項を記載した説明書類を作成し、所定の場所に備え置いて、公衆の縦覧に供さなければならない。

３）業務および財産の状況に関する事項を記載した説明書類は、本店または主たる事務所に備え置けば足り、支店または従たる事務所にまで備え置く必要はない。

４）業務および財産の状況に関する事項を記載した説明書類は、電磁的記録をもって作成することができない。

・解説と解答・

１）不適切である。３カ月以内ではなく４カ月以内である（保険業法110条１項、３項、同法施行規則59条２項）。なお、事業年度ごとに作成する中間業務報告書については、原則として当該期間終了後３カ月以内に内閣総理大臣に提出しなければならない（同法110条１項、３項、同法施行規則59条１項）。

２）適切である（保険業法111条１項、５項、同法施行規則59条の２第１項）。

３）不適切である。説明書類は、本店または主たる事務所、支店または従たる事務所、国内の営業所または事務所に備え置かなければならない（保険業法111条１項、５項、同法施行規則59条の２第２項）。

４）不適切である。電磁的記録をもって作成することができる（保険業法111条３項）。

なお、東京証券取引所のコーポレートガバナンス・コードの基本原則３では、上場会社に対して会社の財務情報および非財務情報の適切な開示を求めているが、同原則の「考え方」において、日本の上場会社の情報開示の現状は、計表等については、様式・作成要領などが詳細に定められており比較可能性に優れていると評価している一方で、ガバナンスや社会・環境問題に関する事項（いわゆるESG要素）などについて定性的な説明等を行う非財務情報については、ひな型的な記述や具体性を欠く記述となっており、付加価値に乏しい場合が少なくないとの指摘もあり、取締役会は、こうした情報を含め、開示・提供される情報が可能な限り利用者にとって有益な記載となるよう積極的に関与を行う必要があるとしている。

正解　2）

5－6　代理店の管理と保険会社の責任Ⅰ

《問》生命保険会社における募集代理店の管理と責任等に関する次の記述のうち、最も不適切なものはどれか。

1）生命保険会社と代理店との関係は準委任契約関係であり、委託業務の内容が生命保険契約の締結の媒介である場合、代理店は契約締結権および告知受領権を有しない。

2）代理店の使用人は、代理店の事務所に勤務し、かつ、代理店の指揮監督・命令のもとで保険募集を行う者である必要がある。

3）代理店が保険募集に際して保険契約者に損害を加えた場合であっても、生命保険会社が代理店に委託するにつき相当の注意をし、かつ、代理店の行う保険募集につき保険契約者に加えた損害発生の防止に努めたときは、生命保険会社は免責される。

4）生命保険会社の代理店が保険募集を行うには内閣総理大臣の登録を受ける必要があり、代理店の使用人として無登録の者が保険募集を行った場合、無登録者は１年以下の懲役もしくは100万円以下の罰金またはこれの併科に処せられるが、当該代理店に対しては刑罰の適用はない。

・解説と解答・

1）適切である。生命保険契約の締結の媒介とは、所属生命保険会社のためにする保険契約の締結の仲介・斡旋をいう。したがって、媒介の場合には代理店は契約締結権、告知受領権を有しない。

2）適切である。監督指針において、法人代理店の使用人は、保険代理店から保険募集に関し適切な教育・管理・指導を受けて保険募集を行う者であること、保険代理店の事務所に勤務し、かつ、保険代理店の指揮監督・命令のもとで保険募集を行う者であることとされている（監督指針Ⅱ－４－２－１⑶①エ(ｲ)）。

3）適切である。（保険業法283条２項３号）。

4）不適切である。違反行為を行った者の所属する保険会社もしくは代理店等の法人に対しても罰金刑が科される（保険業法321条１項４号）。

正解　4）

5－7　代理店の管理と保険会社の責任Ⅱ

《問》Ｘ生命保険会社（以下、「Ｘ社」という）と、その保険代理店であるＹ保険代理店（以下、「Ｙ社」という）の関係に関する次の記述のうち、最も適切なものはどれか。

1）生命保険の募集を行う者は、保険業法に規定された生命保険募集人として、内閣総理大臣の登録を受けなければならないが、保険代理店であるＹ社の使用人は登録を受ける必要はない。

2）Ｘ社は、Ｙ社に業務委託をするにあたって、その適格性を審査しなければならないが、その審査にあたっての審査基準を整備する必要はない。

3）Ｘ社は、Ｙ社に、領収した保険料を自己の財産と明確に区分させたうえで、保険料等の収支を明らかにする書類等を備え置かせる必要がある。

4）Ｙ社が、Ｘ社の保険募集について、保険契約者Ａに損害を与えた場合であっても、Ｘ社がＡに対して損害賠償責任を負うことはない。

・解説と解答・

1）不適切である。保険代理店の使用人も保険募集人となることから、当該使用人が保険募集を行うには、内閣総理大臣の登録が必要である（保険業法275条、276条）。

2）不適切である。保険会社は、保険募集人の採用、保険代理店への委託にあたって、その適格性を審査しなければならず、また、その審査にあたっての審査基準を整備しなければならない（監督指針Ⅱ－４－２－１⑶①）。

3）適切である。保険会社は、保険代理店に対して、保険料の支払を受けた場合に保険料領収書を発行すること、領収した保険料を自己の財産と明確に区分し、遅滞なく適時に保険会社に精算すること、それら管理の状況が事後で確認できる体制とさせる必要がある（監督指針Ⅱ－４－２－１⑷②ア.）。

4）不適切である。保険会社は、原則として保険募集人が保険募集について保険契約者に加えた損害を賠償する責任を負う（保険業法283条）。

正解　3）

5－8　生命保険会社の業務範囲Ⅰ

《問》X生命保険会社（以下、「X社」という）およびX社の子会社の業務に関する次の記述のうち、最も不適切なものはどれか。

1）X社の子会社が行うことができる業務の範囲は、法令によって、生命保険業務、損害保険業務、銀行業務などの一定の範囲に限定されている。
2）X社が100％出資しているA組合を通じて業務を行う場合、A組合は会社ではない以上、当該組合の業務の範囲にはいっさいの制限はなく、X社は特段の配慮をする必要はない。
3）X社が、単独でB社の議決権の100分の50を超える議決権を保有する場合だけでなく、X社およびX社のB社以外の子会社が合算して、B社の議決権の100分の50を超える議決権を保有する場合も、B社はX社の子会社とみなされる。
4）子会社を有していないX社が、新たに損害保険会社であるC社を子会社とする場合には、あらかじめ内閣総理大臣の認可を受けなければならない。

・解説と解答・

1）適切である。保険会社が子会社にできるのは、生命保険会社、損害保険会社、銀行等の一定の範囲に限定されている（保険業法106条１項）。
2）不適切である。保険会社は、組合、投資法人等の会社に準ずる事業体を通じて子会社等の業務範囲規制、他業禁止の趣旨が潜脱されていないかに留意する必要がある（監督指針Ⅲ－２－２）。
3）適切である。会社およびその１もしくは２以上の子会社がその総株主等の議決権の100分の50を超える議決権を保有する他の会社はその会社の子会社とみなされる（保険業法２条12項後段）。
4）適切である。保険会社は、子会社対象会社を子会社としようとするときは、あらかじめ内閣総理大臣の認可を受けなければならない（保険業法106条１項、４項、同法施行規則58条１項）。

正解　2）

5－9　生命保険会社の業務範囲Ⅱ

《問》生命保険会社の業務範囲に関する次の記述のうち、最も適切なものはどれか。

1）生命保険業免許と損害保険業免許は、同一の者が受けることはできない。
2）生命保険会社は、保険料として収受した金銭の運用を自社で行うことはできない。
3）生命保険会社は、投資信託の運用業務を行うことができる。
4）生命保険会社は、その子会社において老人福祉施設等の介護関連サービス業務を行うことができない。

•解説と解答•

1）適切である。保険業に関する内閣総理大臣の免許には生命保険業免許と損害保険業免許の２種類あるが、これらを同一の者が受けることはできない（保険業法３条３項）。
2）不適切である。有価証券の取得その他の内閣府令で定める方法によって資産運用を行うことができる（保険業法97条２項）。
3）不適切である。生命保険会社が投資運用業を行うことはできない（金融商品取引法33条）。
4）不適切である。生命保険会社は、子会社等において、老人福祉施設等の介護関連サービス業務を行うことができる（保険業法106条１項12号、２項２号、同法施行規則56条の２第２項６号）。

正解　1）

5－10　生命保険会社の業務範囲Ⅲ

《問》X生命保険会社（以下、「X社」という）およびその子会社の業務範囲に関する次の記述のうち、最も不適切なものはどれか。

1）X社は、生命保険または第三分野の保険に係る再保険の引受を行うことはできない。

2）X社が保険持株会社となった場合、その業務範囲は子会社の経営管理およびその付帯業務に限られ、保険業務を営むことはできない。

3）X社は、その子会社において疾病予防に関するコンサルティング業務を営むことができる。

4）X社が保険持株会社となった場合、内閣総理大臣の承認があれば、その子会社において飲食業を営むことができる。

・解説と解答・

1）不適切である。生命保険または第三分野の保険に係る再保険の危険は、生命保険または第三分野の保険の危険と実質的に同視できることから、生命保険会社は生命保険または第三分野の保険に係る再保険の引受を行うことができる（保険業法3条4項3号）。

2）適切である（保険業法271条の21第2項）。

3）適切である。生命保険会社は、子会社等において、金融関連業務として「健康、福祉又は医療に関する調査、分析又は助言を行う業務」を行うことができる（保険業法106条1項12号、2項2号、同法施行規則56条の2第2項9号）。

4）適切である。保険持株会社においては、内閣総理大臣の承認があれば、その子会社の業務範囲に制限はない（保険業法271条の22第1項、3項）。

正解　1）

5－11　職員の募集・採用およびダイバーシティ経営

《問》生命保険会社における営業職員の募集・採用およびダイバーシティ経営に関する次の記述のうち、最も不適切なものはどれか。

1）従業員を募集するにあたっては、自社で直接募集することも、他の会社や社外の個人に委託して募集（委託募集）することも可能であるが、委託募集には厚生労働大臣の許可を受ける必要がある。

2）従業員を募集するに際して、募集に従事した者が募集に応じた者から報酬を受けてはならない。

3）経済産業省では、ダイバーシティ経営を「多様な人材を活かし、その能力を最大限発揮できる機会を提供することで、イノベーションを生み出し、価値創造につなげている経営」と定義している。

4）従業員の採用面接においては、応募者の能力等を適切に判断するため、応募者のプライバシーについても、できる限り詳細に聞き取りを行うべきである。

・解説と解答・

1）適切である。直接募集も委託募集も可能だが、委託募集を行う場合には、厚生労働大臣の許可を受けなければならない（職業安定法36条1項）。

2）適切である。労働者の募集を行う者および募集受託者は、募集に応じた労働者から、その募集に関し、いかなる名義でも、報酬を受けてはならない（職業安定法39条）。

3）適切である。経済産業省では、ダイバーシティ経営を「多様な人材を活かし、その能力が最大限発揮できる機会を提供することで、イノベーションを生み出し、価値創造につなげている経営」と定義している。「多様な人材」とは、性別、年齢、人種や国籍、障がいの有無、性的指向、宗教・信条、価値観などの多様性だけでなく、キャリアや経験、働き方などの多様性も含まれる。「能力」には、多様な人材それぞれの持つ潜在的な能力や特性なども含まれる。「イノベーションを生み出し、価値創造につなげている経営」とは、組織内の個々の人材がその特性を活かし、生き生きと働くことのできる環境を整えることによって、自由な発想が生まれ、生産性を向上し、自社の競争力強化につながる、といった一連の流れを生み出しうる経営のことをいう。

４）不適切である。面接の目的は応募者の知識、経験、技能等、労働力の評価に必要な判断材料を収集することであり、その目的を逸脱して必要以上に応募者のプライバシーについて立ち入るべきではない。

正解　４）

5－12　男女雇用機会均等法

《問》X生命保険会社（以下、「X社」という）に関する次の記述のうち、「雇用の分野における男女の均等な機会及び待遇の確保等に関する法律」（男女雇用機会均等法）に照らし、最も適切なものはどれか。

1）X社のY支社長（女性）は、従業員A（男性）に対して、Aが男性であることを理由としてAに不利益となる配置転換を行った。

2）X社のY支社長（女性）は、従業員B（女性）に対して、Bが女性であることを理由としてBに不利益となる配置転換を行った。

3）X社は、職場に事実上生じている男女間の格差を是正して、男女の均等な機会・待遇を実質的に確保するために、女性労働者の比率が相当程度低い役職について、男性労働者より女性労働者を優先して昇進させた。

4）X社のY支社長（女性）は、妊娠した従業員C（女性）から、「勤務の負担を軽くするよう保健指導を受けたため、勤務時間や業務内容を変更してほしい」旨の申出があったが、支社内の業務が多忙であることを理由に、当該申出に応じた措置を講じなかった。

・解説と解答・

1）不適切である。女性に限らず男性についても、性別を理由とする差別は禁止されている（男女雇用機会均等法6条）。

2）不適切である。差別を行う者の性別に関わらず、男女ともに性別を理由とする差別は禁止されている（男女雇用機会均等法6条）。

3）適切である。職場に事実上生じている男女間の格差を是正して、男女の均等な機会・待遇を実質的に確保するために、事業主が、女性のみを対象とするまたは女性を有利に取り扱う措置は、男女雇用機会均等法違反とはならない（男女雇用機会均等法8条）。

4）不適切である。男女雇用機会均等法上、事業主は、雇用する女性労働者が保健指導等に基づく指導事項を守ることができるよう、勤務時間の変更や勤務の軽減等必要な措置を講じる義務を負っている（男女雇用機会均等法13条1項）。

正解　3）

なお、一般社団法人生命保険協会の「女性の活躍推進に関する行動指針」において、一般社団法人生命保険協会および生命保険会社（以下、「生命保険会社等」）は、女性の力が社会全体の活力向上や持続的な経済成長の実現に向けて不可欠であると認識し、経営層のリーダーシップのもと、以下の活動を通じて、女性が最大限能力を発揮できる環境の整備に積極的に取り組んでいくとしている。

１．女性の活躍推進に関する意識と取組みの浸透

生命保険会社等は、女性の活躍推進に関する行動計画の策定等を通じ、社内における意識と取組みの浸透を進めることに努めます。

２．キャリア意識の向上

生命保険会社等は、キャリア研修の実施やロールモデルの提示等を通じ、女性職員それぞれの環境や将来志向等に応じたキャリア意識の向上に努めます。

３．キャリア形成の支援

生命保険会社等は、女性職員が出産・育児等によりキャリア形成の機会を逸しない工夫を行うことに努めるとともに、上位職位や能力向上等を目指す女性職員のキャリア形成を積極的に支援していくことに努めます。

４．多様で柔軟な働き方の推進

生命保険会社等は、仕事と家庭の両立を可能とする取組み等を通じ、職員の置かれた状況や職務内容等に応じた、多様で柔軟な働き方の推進に努めます。

５．管理職層の意識・マネジメント改革

生命保険会社等は、ダイバーシティ・マネジメントの必要性や女性職員の育成のあり方の啓発等を通じ、女性職員の育成にあたる管理職層の意識・マネジメント改革に努めます。

5－13　就業規則と労働基準法等

《問》就業規則に関する次の記述のうち、最も適切なものはどれか。

1）常時5人以上の労働者を使用する使用者は、就業規則を作成し、所轄労働基準監督署長に届け出なければならない。

2）労働基準法に規定されている事項について、就業規則が異なる内容を定めている場合には、私的自治の原則から、常に就業規則が優先される。

3）使用者は、労働者との合意がないときはいかなる場合でも、就業規則を変更することはできない。

4）就業規則は、法令または当該事業場について適用される労働協約に反してはならない。

・解説と解答・

1）不適切である。常時5人以上ではなく常時10人以上である（労働基準法89条、同法施行規則49条1項）。

2）不適切である。労働基準法は強行的直律的効力を有する規範であり、就業規則が労働基準法よりも労働者にとって不利な条件を定めている場合には、当該部分について就業規則は無効となり、労働基準法が直接労使間を規律することとなる（労働基準法13条、92条1項）。

3）不適切である。原則として、就業規則の不利益変更には従業員の同意が必要となるが（労働契約法9条）、労働契約法10条の要件を満たせば、従業員の同意なくして就業規則の不利益変更が可能となる。

4）適切である（労働基準法92条）。

正解　4）

5－14　時間外勤務・休日労働

《問》生命保険会社の時間外労働に関する次の記述のうち、最も不適切なものはどれか。

1）1カ月60時間を超える時間外労働については、45％以上の割増賃金を支払わなければならない。
2）労働基準法で定める基準に達しない時間外労働に関する労働契約は、その部分が無効となる。
3）労使協定がある場合、1カ月60時間を超える時間外労働を行った者に対しては、割増賃金の支払に代えて通常の労働時間の賃金が支払われる休暇を付与することができる。
4）就業規則で所定労働時間を1日7時間と定めている場合において、法定労働時間である8時間就労を行った者に対しては、その所定労働時間を超える1時間について、労働基準法上の割増賃金を支払う義務を負わない。

・解説と解答・

1）不適切である。1カ月60時間を超える時間外労働については、50％以上の割増賃金を支払わなければならない（労働基準法37条1項ただし書、3項）。
2）適切である（労働基準法13条）。
3）適切である（労働基準法37条3項）。
4）適切である。労働基準法上の割増賃金の支払義務の対象となるのは、法定労働時間を超えた労働の時間である（労働基準法32条、36条、37条）。

正解　1）

5－15　労働契約

《問》生命保険会社と従業員の労働契約に関する次の記述のうち、最も適切なものはどれか。

1）就業規則は生命保険会社と従業員との間の労働契約であるため、就業規則で定められた労働条件は、労働基準法等の他の法律の規定に優先して適用される。

2）就業規則を定める際に事業所の労働者の過半数で組織する労働組合がある場合、生命保険会社はその労働組合の意見を聴取する必要があるが、従業員個々の意見を聴取する必要はない。

3）就業規則は労働基準監督署に届け出る必要があるが、生命保険会社が届出を怠った場合であっても、当該生命保険会社が罰せられることはない。

4）就業規則は生命保険会社と従業員との間の労働契約であるため、生命保険会社は、一度定め、従業員に提示した就業規則を、従業員の同意を得ることなく変更することはできない。

・解説と解答・

1）不適切である。労働基準法は強行法規であるので、労働基準法に反する就業規則上の定めは無効となる（労働基準法13条）。

2）適切である（労働基準法90条）。

3）不適切である。就業規則の適法な届出がなされていない場合、使用者に対して30万円以下の罰金刑が科され得る（労働基準法120条）。

4）不適切である。使用者は、労働者と合意することなく、就業規則を変更することにより、労働者の不利益に労働契約の内容である労働条件を変更することはできない（労働契約法９条）。ただし、変更後の就業規則を従業員に周知させ、かつ、就業規則の変更が、従業員の受ける不利益の程度、労働条件の変更の必要性、変更後の就業規則の内容の相当性、労働組合等との交渉の状況その他の就業規則の変更に係る事情に照らして合理的なものであるときは、労働条件は、その変更後の就業規則によるものとされる（労働契約法10条）。

正解　2）

５－16　社員等の解雇

《問》Ｘ生命保険会社（以下、「Ｘ社」という）が従業員を解雇する場合に関する次の記述のうち、最も不適切なものはどれか。

1）従業員の解雇が有効とされるためには、その従業員に対する解雇が、客観的にみて合理性・社会的相当性を有している必要がある。
2）Ｘ社は、人員調整のため従業員を解雇することとしたが、産前産後休業中の女性従業員を解雇した場合、一般に、この解雇は無効とされる。
3）Ｘ社が、期間の定めのある労働契約による従業員を期間途中に解雇するには、やむを得ない事由が必要である。
4）Ｘ社が、従業員の責に帰すべき事由によらずその従業員を解雇するためには、少なくとも２カ月前に解雇の予告をするか、解雇予告手当を支払う必要がある。

・解説と解答・

1）適切である。解雇は、客観的に合理的な理由を欠き、社会通念上相当であると認められない場合は、その権利を濫用したものとして無効とされる（労働契約法16条）。
2）適切である。使用者は、産前産後の女性が労働基準法の規定によって休業する期間およびその後30日間は解雇することが原則禁止されている（労働基準法19条１項）。
3）適切である。使用者は、期間の定めのある労働契約について、やむを得ない事由がある場合でなければ、その契約期間が満了するまでの間において、労働者を解雇することができない（労働契約法17条１項）。
4）不適切である。使用者は、労働者を解雇しようとする場合においては、少なくとも30日前にその予告をするか、30日前に予告をしない場合には、30日分以上の平均賃金を支払わなければならない。なお、労働者の責に帰すべき事由に基づいて解雇する場合には、所轄労働基準監督署長から解雇予告除外の認定を受けることを条件に、解雇予告義務が免除される（労働基準法20条）。懲戒解雇であれば無条件に即時解雇できるというものではないことに注意が必要である。

正解　4）

5－17　派遣社員・嘱託社員の労務管理

《問》Aは、派遣労働者としてY人材派遣会社（以下、「Y社」という）からX生命保険会社（以下、「X社」という）に派遣されていた。この場合におけるX社のAに対する労務管理等に関する次の記述のうち、最も適切なものはどれか。

1）X社は、Y社との派遣契約の内容にかかわらず、X社の規定に従って、Aに時間外労働や派遣契約に定めた業務以外の業務をさせることができる。

2）Aは、X社での派遣業務についてX社に苦情を申し出ることはできず、必ずY社に苦情を申し出なければならない。

3）Y社とX社との間の派遣契約期間が終了すれば、AとY社との間の労働契約も当然に終了する。

4）X社は、Aの就業が適正かつ円滑に行われるようにするため、適切な就業環境の維持等、必要な措置を講ずるように努めなければならない。

・解説と解答・

1）不適切である。派遣契約においては、「派遣就業の開始及び終了の時刻並びに休憩時間」や「派遣労働者が従事する業務の内容」等が定められる（労働者派遣事業の適正な運営の確保及び派遣労働者の保護等に関する法律（以下、「労働者派遣法」という）26条1項5号、1号）。したがって、X社は、X社の規定に従ってAに時間外労働や派遣契約に定めた業務以外の業務をさせることはできない。

2）不適切である。派遣先は、その指揮命令のもとに労働させる派遣労働者から当該派遣就業に関し、苦情の申出を受けたときは、当該苦情の内容を当該派遣元事業主に通知するとともに、当該派遣元事業主との密接な連携のもとに、誠意をもって、遅滞なく、当該苦情の適切かつ迅速な処理を図らなければならない（労働者派遣法40条1項）。したがって、AはX社にも苦情の申出をすることができる。

3）不適切である。労働者派遣とは、自己の雇用する労働者を、当該雇用関係のもとに、かつ、他人の指揮命令を受けて、当該他人のために労働に従事させることをいう（労働者派遣法2条1号）。そして、派遣契約期間が終了したからといって労働契約が当然に終了するわけではない。したがって、Ｙ人材派遣会社とＸ社との間の派遣契約期間が終了したとしても、ＡとＹ人材派遣会社との間の労働契約が当然に終了するわけではない。

４）適切である。派遣先は、その指揮命令のもとに労働させる派遣労働者について、当該派遣就業が適正かつ円滑に行われるようにするため、適切な就業環境の維持、診療所等の施設であって現に当該派遣先に雇用される労働者が通常利用しているものの利用に関する便宜の供与等必要な措置を講ずるように配慮しなければならない（労働者派遣法40条４項）。

正解　４）

5－18　セクシュアルハラスメント

《問》X生命保険会社（以下、「X社」という）におけるセクシュアルハラスメントへの対応やX社の責任等に関する次の記述のうち、最も不適切なものはどれか。

1）X社は、事業主として、セクシュアルハラスメントが生じることのないよう、労働者からの相談に応じ、適切に対応するために必要な体制の整備その他の雇用管理上必要な措置を講じる法的義務を負っている。

2）X社は、正社員のみならず、パートタイム労働者や契約社員を含めて、雇用するすべての労働者を対象にしてセクシュアルハラスメント防止のための措置を講ずる必要があり、また、派遣労働者についても同様の措置を講ずる必要がある。

3）X社のY支社に勤務する職員全員が参加し、社外で行われた歓送迎会の席上、男性上司が女性従業員に対して性的な言動を行った場合、職場の外での出来事であるため、X社に責任が生じることはない。

4）X社の職員が上司からセクシュアルハラスメントの被害を受けた場合、被害を受けた職員に対して、セクシュアルハラスメントを行った当該上司だけではなく、X社も損害賠償責任を負うことがある。

・解説と解答・

職場におけるセクシュアルハラスメントには、職場において行われる性的な言動に対する労働者の対応により当該労働者がその労働条件につき不利益を受けるもの（対価型セクシュアルハラスメント）と、当該性的な言動により労働者の就業環境が害されるもの（環境型セクシュアルハラスメント）がある。なお、職場におけるセクシュアルハラスメントには、同性に対するものも含まれる。

「職場」とは、事業主が雇用する労働者が業務を遂行する場所を指し、当該労働者が通常就業している場所以外の場所であっても、当該労働者が業務を遂行する場所については、「職場」に含まれる（厚生労働省「事業主が職場における性的な言動に起因する問題に関して雇用管理上講ずべき措置等についての指針」）。

1）適切である（男女雇用機会均等法11条１項）。

2）適切である。事業主は、雇用するすべての労働者を対象にして、職場におけるセクシュアルハラスメントを防止するための措置を講ずる必要がある。派遣労働者については、「労働者派遣事業の適正な運営の確保及び派遣労働者の保護等に関する法律（労働者派遣法）」47条の２の規定により、派遣元事業主のみならず、派遣先事業主も派遣労働者を雇用する事業主とみなされ、男女雇用機会均等法11条１項のセクシュアルハラスメントに係る規定が適用されることから、派遣先事業主は、派遣労働者についても同様の措置を講ずる必要がある。

3）不適切である。職場の全員が参加した歓送迎会でセクシュアルハラスメントが行われた場合、職場外の場所で行われたものであっても業務の範囲として認定される可能性が高く、会社が責任を負うことがありうる。

4）適切である。セクシュアルハラスメント防止についての配慮義務違反または使用者責任により、会社も損害賠償責任を負うことがある。

正解　3）

5－19　パワーハラスメント

《問》パワーハラスメントに関する次の記述のうち、最も適切なものはどれか。

1）パワーハラスメントとは、職場において行われる優越的な関係を背景とした言動であって、業務上必要かつ相当な範囲を超えたものによりその雇用する労働者の就業環境が害されることをいうため、部下の上司に対する行為がパワーハラスメントに当たることはない。

2）上司が部下に行った業務上必要な指示や注意、指導を業務上の適正な範囲で行った場合であっても、部下が気分を害した場合は、パワーハラスメントに当たる。

3）パワーハラスメントに当たるのは、「身体的な攻撃」「精神的な攻撃」「人間関係の切り離し」「過大な要求」「過小な要求」「個の侵害」の６つの行為類型に該当する場合に限られ、これら以外の行為はパワーハラスメントには当たらない。

4）パワーハラスメントが認められた場合には、加害者本人が不法行為責任を負うほか、会社も使用者責任を負ったり、労働者に対する安全配慮義務違反に問われることがある。

・解説と解答・

1）不適切である。「職場における優越的な関係」には、「職務上の地位」に限らず、人間関係や専門知識、経験などのさまざまな優位性が含まれるため、部下の上司に対する行為がパワーハラスメントになることもある。

2）不適切である。業務上の必要な指示や注意・指導が、業務上の適正な範囲で行われていれば、パワーハラスメントには当たらない。

3）不適切である。「身体的な攻撃」「精神的な攻撃」「人間関係からの切り離し」「過大な要求」「過小な要求」および「個の侵害」はパワーハラスメントの６類型とされているが、これらに該当しない行為であっても、パワーハラスメントに該当する場合はある。

4）適切である（民法709条、715条、415条）。

正解　4）

５－20　金融庁検査への対応Ⅰ

《問》保険業法に基づく生命保険会社に対する金融庁の検査に関する次の記述のうち、最も適切なものはどれか。

1）金融庁検査は、生命保険会社の経営が健全かつ適切に行われているか否かを検査することを通じて、生命保険会社が最大限の利益を達成できるようにすることを直接の目的としている。

2）金融庁は、個別の生命保険会社に対する検査の内容について不開示としているが、検査を受けた生命保険会社も、検査中の検査官からの質問や指摘の内容などの検査関係情報について、当局の事前の承諾を得ずに第三者に開示してはならない。

3）生命保険会社の役員が検査官の質問に対して虚偽の答弁をし、あるいは検査を妨害した場合、当該役員は刑事罰の対象となるが、生命保険会社が刑事罰の対象となることはない。

4）金融庁の検査に際し、検査官は、生命保険会社の同意がなくても、その営業所等にある書類や所持品を押収することができる。

・解説と解答・

1）不適切である。金融庁の検査は「保険会社の業務の健全かつ適切な運営を確保し、保険契約者等の保護を図るため」に行われるものであり（保険業法129条）、保険会社が最大限の利益を達成できるようにすることを目的とするものではない。

2）適切である。「被検査金融機関やその取引先の権利、競争上の地位やその正当な利益を害するおそれがある」などの理由から、個別の金融機関に対する検査等の内容については、不開示とされている。検査結果通知等の当局より還元された立入検査の結果だけでなく、検査中の、当局からの質問、指摘、要請や、当局からの指示で作成・提出した資料、その他当局と被検査金融機関の役職員等との間のやりとりの内容のほか立入検査があった事実等（検査関係情報）は、「当局の問題意識や金融機関や取引先の極めて機微な情報」等を含むものであり、検査の実効性の確保等の観点から守秘義務の対象となる情報として取り扱われ、主任検査官は、立入前に、被検査金融機関に対して、検査関係情報の内容について、当局の事前の承諾なく、第三者に開示してはならない旨を説明し、この旨の承諾を得るものとされている（金融庁「立入検査の基本的手続」)。

3）不適切である。金融庁の検査は、保険業法129条等を根拠とする立入検査権限に基づき実施されるものであるから、その権限が目的の範囲内において正当に行使される限り、生命保険会社にはこれを受忍する義務があり、その違反に対しては、両罰規定により、違反行為を行った者のみならず生命保険会社に対しても刑事罰が科されうる（保険業法317条３号、129条１項、２項、321条１項２号)。

4）不適切である。書類および所持品の押収のような強制捜査は、令状主義に基づく厳格な手続に従って行われなければならず、金融庁の検査については、検査官に強制捜査の権限は与えられていない。

正解　2）

5－21　金融庁検査への対応Ⅱ

《問》生命保険会社における金融庁の検査への対応に関する次の記述のうち、最も不適切なものはどれか。

1）検査官から資料の提出を求められた場合、生命保険会社にとって不都合な事項が記載されている資料であっても、提出を拒否すれば刑事罰の対象となる。

2）保険業法に基づく監督官庁の立入検査の際、検査官の質問に対する虚偽答弁および不利益事項を黙秘することは、検査忌避行為等に該当する。

3）検査中に資料整理の名目で諸資料の廃棄を行うことは、検査妨害行為等に該当すると判断される場合がある。

4）生命保険会社の業務の健全性の確保等において特に必要な場合、生命保険会社の子会社も検査の対象となるが、理由のいかんにかかわらず、当該子会社への立入検査は拒否することができない。

・解説と解答・

1）適切である。このような行為は、検査妨害行為等として刑事罰の対象となる（保険業法317条３号）。

2）適切である。「不答弁」も検査忌避行為等として処分等の対象となる（保険業法317条３号）。

3）適切である。たとえ整理を目的とするものであっても、検査中の資料廃棄等は、検査妨害行為等とみなされるおそれがあるため、慎重に対応すべきである（保険業法317条３号）。

4）不適切である。立入検査対象は、保険会社の本社、支社、営業所等のほか、保険会社の子会社等もしくは当該保険会社から業務の委託を受けた者の施設も対象とされる（保険業法129条１項、２項）。ただし、子会社等もしくは当該保険会社から業務の委託を受けた者は、正当な理由がある場合は立入検査を拒むことができる（同法129条３項）。

正解　4）

5－22　従業員の費消事件・不正行為等への対応Ⅰ

《問》X生命保険会社（以下、「X社」という）における不祥事件への対応に関する次の記述のうち、最も適切なものはどれか。

1）X社の従業員Aは、給与が支払われた際に穴埋めするつもりで、顧客から受領した保険料相当額を自らの借入金の返済に充ててしまった。翌日、Aが費消してしまった顧客の保険料相当額をAの給与で補てんした場合には、Aの当該行為は問題となることはない。

2）X社の従業員Bが顧客から受領した保険料を使い込んでいた事実が発覚した場合、X社は、不祥事件として金融庁へ届け出なければならない。

3）X社が、不祥事件として金融庁へ届出を行う場合は、当該不祥事件に係る社内調査が終了してから14日以内に行わなければならない。

4）X社の従業員Cによる費消事件が発覚し、保険業法上の不祥事件に該当する場合、X社が行う当該不祥事件の調査は、当該費消事件が発生した部署が行うことが望ましい。

・解説と解答・

1）不適切である。たとえ翌日補てんしたとしても、Aが預かっている保険料を借入金の返済に使ってしまった時点でAには横領罪が成立する。

2）適切である。不祥事件については保険業法施行規則において定められている（保険業法施行規則85条8項）。集金の使い込みは業務上横領罪に該当するものであり、不祥事件に当たるため、金融庁へ届出を行わなければならない。

3）不適切である。金融庁への届出は社内調査の終了の有無に関わらず、不祥事件が発生したことを知った日から30日以内に行わなければならない（保険業法施行規則85条9項）。

4）不適切である。真相究明のためには中立的な立場の部門が調査を行うことが望ましく、公正な調査を期すためにコンプライアンス部門や内部監査部門が調査を行うことが望ましい（監督指針Ⅲ－2－16(1)③）。

正解　2）

５－23　従業員の費消事件・不正行為等への対応Ⅱ

《問》保険業法に定める「不祥事件」が発生した場合の生命保険会社の対応に関する次の記述のうち、最も適切なものはどれか。

1）不祥事件に該当する費消事件が発生した場合、警察への通報等を行う必要があり、金融庁への届出は、警察の捜査終了後に行うこととされている。

2）金融庁への不祥事件に係る届出は、社内調査完了によって詳細が明らかになり、社内処分等が決定した後に行うこととされており、期限は特に定められていない。

3）不祥事件に該当する保険料の費消行為の行為者が事件発覚後に事実を認め、費消した金銭を返済して対象顧客の了解を得た場合であっても、所定の届出が必要となる。

4）現金の紛失は１件当たり200万円以上の場合が不祥事件に該当することとなり、所定の届出が必要となる。

・解説と解答・

1）不適切である。警察への通報と併せて、「不祥事件」として金融庁への届出を行うことが必要である（保険業法127条１項８号、同法施行規則85条１項27号）。警察の捜査等は、届出を行わない理由とはならない。

2）不適切である。保険会社に対して、金融庁は「不祥事件」発覚後30日以内の届出義務を課している（保険業法施行規則85条９項）ことから、全容の解明等にかかわらず、その期限内に届出を行う必要がある。

3）適切である。弁済しているか否か、顧客の了解があるか否かを問わず、不祥事件として所要の届出を行う必要がある。

4）不適切である。現金等の紛失については、保険会社の業務の特性、規模その他の事情を勘案し、当該業務の管理上重大な紛失と認められるものが不祥事件に該当するとされている（保険業法施行規則85条８項４号）。

正解　3）

5－24　クレーム・訴訟リスクへの対応Ⅰ

《問》X生命保険会社（以下、「X社」という）は、保険金受取人Aからの保険金請求（保険金額1,000万円）に対し、免責事由に該当することから不払いを決定し、通知した。その後のAからのクレーム等に関する次の記述のうち、最も不適切なものはどれか。

1）生命保険協会の生命保険相談所が、Aからの苦情を受け付けた場合、X社にその対応を依頼して原則1カ月を経過しても解決に至らないときは、Aの申立てにより、指定紛争解決機関である裁定審査会が紛争解決手続を行うことがある。

2）Aを原告とする保険金請求事件が地方裁判所に提起され、X社が訴状の送達を受けたが、特段の対応を行わなかったという場合、Aの主張が著しく事実と異なり合理性を欠くものであったとしても、その主張が全面的に認容されX社敗訴の判決言渡しがあれば、当該裁判の無効を主張することはできない。

3）Aを原告とする訴訟について、X社代理人が第1回の期日に出廷できないという理由で所定の日までに答弁書等のみを提出した場合、欠席したことをもって結審のうえ、敗訴することとなる。

4）Aを原告とする訴訟について、X社敗訴の判決言渡しがあった場合、本判決に付された仮執行宣言に基づいてAが仮執行の申立てをしたときは、X社が控訴しても、仮執行は当然に停止されるわけではない。

・解説と解答・

1）適切である。

2）適切である。民事訴訟法159条により、原告の主張が合理的な内容ではなかったとしても、被告X社が所定の対応を行わなかった以上、X社は原告の主張する事実を認めたものとみなされ、原告が希望した場合には、その事実を認定し、判決が言い渡されることとなり、判決に不服がある場合は、控訴をして争うほかない。

3）不適切である。第一回の期日に限っては、答弁書の提出をもって、その内容が陳述されたものと擬制されるため、それだけをもっていわゆる欠席裁判による敗訴判決の言渡しとはならない。なお、140万円以下の請求に係る民事事件については簡易裁判所が、それ以外の一般的な民事事件については地方裁判所が、それぞれ第一審裁判所となる。

4）適切である。たとえ控訴したとしても、担保を提供し、仮執行の停止申立て（民事訴訟法403条１項３号）等を別途行う必要がある。

正解　3）

5－25　クレーム・訴訟リスクへの対応Ⅱ

《問》Ｘ生命保険会社（以下、「Ｘ社」という）が、保険募集や保険金等の請求に関し、訴訟提起等を受けた場合に関する次の記述のうち、最も不適切なものはどれか。

1）保険金受取人を原告、Ｘ社を被告とする保険金請求事件が地方裁判所に提起され、Ｘ社が訴状の送達を受けた場合について、Ｘ社としては、原告の主張が事実とまったく異なり、合理性を欠くものであると判断し、当該請求事件について訴訟法上のなんらの対応もしなかった場合、当該訴訟においてＸ社は、原告の主張内容を認めたものとみなされる。

2）Ｘ社を被告として提起された地方裁判所における生命保険契約に係る訴訟について、Ｘ社は、当該生命保険契約の募集を担当した営業職員の所属する営業所の所長（支配人登記はない）を訴訟代理人とし、Ｘ社の見解を書面により裁判所に提出して、指定された口頭弁論期日に当該営業所長を代理人として出頭させることができる。

3）Ｘ社を被告として提起された訴訟について、当事者照会制度により、原告から立証の準備を目的とする照会がなされ、Ｘ社が当該照会について回答を拒んだ場合であっても、Ｘ社に対しては民事訴訟法上の制裁が課されることはない。

4）保険金受取人とその親族の間の訴訟について、裁判所がＸ社に対し保険契約関連書類に係る文書提出を命ずる場合、Ｘ社を審尋（書面または口頭で当事者その他の利害関係人に個々的に陳述の機会を与えること）しなければならないとされており、Ｘ社は、審尋の際に当該文書提出の除外事由への該当性等について意見を述べることができる。

・解説と解答・

1）適切である。原告の主張が合理的な内容ではなかったとしても、被告である生命保険会社が所定の対応を行わなかった以上、当該生命保険会社は、原告の主張する事実を認めたものとみなされ、裁判所は、その事実を認定し、判決を言い渡すこととなる（民事訴訟法159条１項）。判決に不服がある場合は、控訴のうえ争うほかない。

2）不適切である。地方裁判所における民事訴訟手続の訴訟代理人については、法令により裁判上の行為をすることができる代理人（支配人など）のほか、弁護士でなければ訴訟代理人になることができないと定められている（民事訴訟法54条１項本文)。なお簡易裁判所においては、その許可を得て、弁護士でない者を訴訟代理人とすることができる（同項ただし書)。

3）適切である。当事者照会制度（民事訴訟法163条）について、法律上の制裁はない。ただし、適式な照会に対して回答を拒絶した場合、訴訟上の信義則（同法２条）に反するとして、裁判官の心証形成に影響を与えるおそれがあることに注意しなければならない。

4）適切である。設問のとおり、裁判所が第三者に対して文書提出を命じようとする場合は、当該第三者に審尋しなければならないとされている（民事訴訟法223条２項)。

正解　2）

2024年度　金融業務能力検定・サステナビリティ検定

等級	試験種目	受験予約 開始日	配信開始日 （通年実施）	受験手数料 （税込）
Ⅳ	金融業務4級　実務コース	受付中	配信中	4,400 円
Ⅲ	金融業務3級　預金コース	受付中	配信中	5,500 円
	金融業務3級　融資コース	受付中	配信中	5,500 円
	金融業務3級　法務コース	受付中	配信中	5,500 円
	金融業務3級　財務コース	受付中	配信中	5,500 円
	金融業務3級　税務コース	受付中	配信中	5,500 円
	金融業務3級　事業性評価コース	受付中	配信中	5,500 円
	金融業務3級　事業承継・M＆Aコース	受付中	配信中	5,500 円
	金融業務3級　リース取引コース	受付中	配信中	5,500 円
	金融業務3級　DX（デジタルトランスフォーメーション）コース	受付中	配信中	5,500 円
	金融業務3級　シニアライフ・相続コース	受付中	配信中	5,500 円
	金融業務3級　個人型DC（iDeCo）コース	受付中	配信中	5,500 円
	金融業務3級　シニア対応銀行実務コース	受付中	配信中	5,500 円
	金融業務3級　顧客本位の業務運営コース	－	上期配信	5,500 円
Ⅱ	金融業務2級　預金コース	受付中	配信中	7,700 円
	金融業務2級　融資コース	受付中	配信中	7,700 円
	金融業務2級　法務コース	受付中	配信中	7,700 円
	金融業務2級　財務コース	受付中	配信中	7,700 円
	金融業務2級　税務コース	受付中	配信中	7,700 円
	金融業務2級　事業再生コース	受付中	配信中	11,000 円
	金融業務2級　事業承継・M＆Aコース	受付中	配信中	7,700 円
	金融業務2級　資産承継コース	受付中	配信中	7,700 円
	金融業務2級　ポートフォリオ・コンサルティングコース	受付中	配信中	7,700 円
	DCプランナー2級	受付中	配信中	7,700 円
Ⅰ	DCプランナー1級（※）　A分野（年金・退職給付制度等）	受付中	配信中	5,500 円
	B分野（確定拠出年金制度）	受付中	配信中	5,500 円
	C分野（老後資産形成マネジメント）	受付中	配信中	5,500 円
－	コンプライアンス・オフィサー・銀行コース	受付中	配信中	5,500 円
	コンプライアンス・オフィサー・生命保険コース	受付中	配信中	5,500 円
	個人情報保護オフィサー・銀行コース	受付中	配信中	5,500 円
	個人情報保護オフィサー・生命保険コース	受付中	配信中	5,500 円
	マイナンバー保護オフィサー	受付中	配信中	5,500 円
	AML／CFTスタンダードコース	受付中	配信中	5,500 円
	SDGs・ESGベーシック	受付中	配信中	4,400 円
	サステナビリティ・オフィサー	受付中	配信中	6,050 円

※　DCプランナー1級は、A分野・B分野・C分野の3つの試験すべてに合格した時点で、DCプランナー1級の合格者となります。

2024年度版
コンプライアンス・オフィサー・生命保険コース試験問題集

2024年３月13日　第１刷発行

編　者　一般社団法人　金融財政事情研究会
検定センター
発行者　加藤　一浩

〒160-8519　東京都新宿区南元町19
発　行　所　一般社団法人 金融財政事情研究会
販 売 受 付　TEL 03(3358)2891　FAX 03(3358)0037
URL https://www.kinzai.jp

本書の内容に関するお問合せは、書籍名およびご連絡先を明記のうえ、FAXでお願いいたします。　お問合せ先　FAX　03(3359)3343
本書に訂正等がある場合には、下記ウェブサイトに掲載いたします。
https://www.kinzai.jp/seigo/

印刷：三松堂株式会社

ISBN978-4-322-14418-5